KB071165

우리의 소원은 평화

손안의 통일 ❷

우리의 소원은 평화

: 청소년이 생각하는
평화와 통일 이야기

인디고 서원 지음

통일부
통일교육원

〈손안의 통일〉 시리즈를 발간하며

2018년 평창에서 시작된 한반도 평화의 흐름은 세 차례의 남북정상회담을 거치며 거대한 역사적 흐름이 되었습니다. 이제 우리는 오랜 분단이 가져온 마음속의 제약을 극복하고, 한반도 평화의 시대를 맞이하는 물결 앞에 서 있습니다.

평화의 시대, 그 문을 여는 열쇠는 바로 시대정신을 반영한 〈통일 교육〉이라고 생각합니다. 분단의 현실을 사는 우리에게는 서로 다름을 인정하고 공존하며, 갈등을 평화롭게 해결하는 방법을 터득해 나가는 〈평화 교육〉이 곧 오늘날 필요한 통일 교육입니다. 새 시대에 맞는 한반도 평화를 위한 통일 교육은 정답을 주입하는 가르침이 아니라, 미래 세대들과의 소통을 통해 〈평화의 감수성〉을 기르는 과정이어야 합니다. 이러한 통일 교육은 우리 삶의 영역을 넓

히고, 각자가 가진 상상력을 마음껏 펼칠 수 있도록 도와줄 것입니다.

이러한 시점에 발간되는 〈손안의 통일〉 시리즈는, 딱딱한 기존 통일 교육 도서에서 탈피해 누구나 접근할 수 있도록 쉽게 쓰였습니다. 또한 일반 시민, 대학생, 청소년, 기업 등 대상별 맞춤형으로 제작되었고, 인문학·청소년 토론 등 다양한 소재를 활용했습니다. 이 책이 통일·북한 문제는 어렵다는 고정 관념을 타파하는 데 기여하고, 많은 국민들에게 일상의 주변 가까운 곳에서부터 평화의 의미를 느끼고, 평화의 감수성을 기르게 해주기를 바랍니다. 아울러 이 책이 평화와 통일의 시대로 나아가는 우리의 여정에 중요한 밑거름이 되기를 기대합니다.

제40대 통일부 장관

김연철

통일의 패러독스를 넘어

어느 날 다리엔 숲의 튀라 강가에서 만난 미지의 아이에게. 한밤중에, 어느 상점 바닥에 앉아 등잔 불빛을 받으며 아이는 몸을 수그린 채 책을 읽고 글을 씁니다. 주변에 전혀 신경 쓰지 않고, 불편함, 소음, 혼잡함, 그의 곁에서 벌어지는 거칠고 폭력적인 삶에는 아랑곳하지 않고. 숲 한가운데, 그 상점 바닥에 책상다리를 하고 앉아 등잔 불빛 아래서 홀로 글을 읽는 아이는 우연히 그곳에 있는 게 아닙니다. (……) 그 아이는 자기 안에 인류의 미래를 간직하고 있습니다. 아주 오래전 그리스 철학자 헤라클레이토스가 썼듯, 그 아이에게 절대적인 힘을 주기를.

— 르 클레지오, 2008년 노벨문학상 수상 연설「패러독스의 숲에서」중에서

2008년 노벨문학상 수상자 르 클레지오는 수상 연설에서 작가의 패러독스에 대한 이야기를 합니다. 그 패러독스란 작가는 배고프고, 가난하고, 소외된 약자를 위해 펜을 들고 글을 쓰지만, 정작 그 글을 읽는 이들은 먹을 것이 충분하고, 자신의 존재를 깨달을 여유가 있는 이들이라는 치열한 자기반성입니다. 어떻게 이를 극복할 수 있을까요? 여기서 르 클레지오는 문학과 현실을 뛰어넘는 대담한 상상을 합니다. 폭력과 전쟁과 빈곤과 같은 현실적인 고통 속에서도 이에 아랑곳하지 않고 손에 책을 들고 글을 읽는 아이, 바로 그 아이에게 절대적인 힘을 주어야 한다고 말하는 것이지요. 통일 문제를 다룬 담론들을 살펴보며 마치 르 클레지오가 말했던 것처럼 우리가 통일의 패러독스에 갇혀 있다고 생각했습니다.

오늘날 통일이 가장 절실한 이들은 누가 뭐라 해도 이산가족입니다. 이분들은 70년이 넘는 시간을 서로 떨어져서 그리워하며 살았고, 우리는 그 아픔의 깊이를 헤아릴 수 없습니다. 하지만 통일은 단지 이산가족의 만남만을 의미하지 않습니다. 우리가 처한 정치, 경제, 사회, 문화 모든 분야에서 커다란 변화를 가져올 수 있는, 말 그대로 사건입니다. 그리고 그 역사적 사건에서 가장 큰 영향을 받는 것은 기성세대가 아니라 미래 세대인 청소년들입니다. 지금 통일을 논하고, 통일 문제에 대해서 결정 권한이 있는 것은 기성세대이지만, 정작 그로 인해서 가장 큰 영향을 받는 것은 미래 세대라는 점이 첫 번째 통일의 패러독스입니다.

2019년 7월, 남한 사람을 대상으로 한 통일에 대한 인식 조사에서 69.7퍼센트가 〈통일을 원한다〉고 대답했습니다. 통일을 원하는 이유를 물으니 1위가 〈경제 부흥의 계기〉(49.7%)였습니다. 반면 〈통일을 원하지 않는다〉는 대답의 이유를 물으니 1위가 〈경제적 부담이 클 것 같아서〉(53.8%)였습니다. 통일을 원하든, 원치 않든 남한에서 가장 큰 문제는 〈경제〉인 것입니다. 통일에 대한 이야기가 나오면 곧이어 통일 비용이 얼마며, 분단 비용이 얼마인지 계산기를 두드리는 시끄러운 소리로 가득 차는 것은 우리에게 너무나도 익숙한 풍경이지 않나요? DMZ 부근의 땅값이 오른다는 소식도 들립니다. 북한은 신뢰할 수 있는 객관적 경제 자료가 풍부하지 않아서 학자들 사이에 이견이 있지만, 대체로 현재 남한이 북한보다 최소한 30~40배는 더 경제적으로 부유한 것으로 평가합니다. 최소 30배 이상 경제적으로 잘사는 남한이, 북한과의 통일 문제에 있어서도 제1의 중점 사안으로 〈경제〉를 꼽는다는 것이 두 번째 통일의 패러독스입니다.

첫 번째와 두 번째 패러독스를 연결하여 혹자는 이렇게 말하곤 합니다. 통일이 되면 북한의 값싼 노동력과 풍부한 지하자원을 이용해 일자리가 많이 생길 테니 미래 세대에게 좋은 일이 아니겠느냐고 말입니다. 되묻고 싶습니다. 그럼 북한의 미래 세대는 값싼 노동자로 살고, 지하자원을 개발한다는 명목으로 자연은 파괴해도 괜찮은 것일까요?

항상 남한은 못사는 나라라고 배웠어요. 자본주의라 돈이 없으면 학교도 못 간다는 소리를 들었죠. 그래서 항상 남한이 불쌍하다고 생각했어요. 감자 두 알을 가지면, 남한 친구 주고 싶다고 만날 이런 이야기를 했죠. 근데 남한에 오니까 남한 친구들은 잘 먹고 잘살아요. 근데 감자가 아니라 빵을 두 개 들고 있어도 자기가 다 먹고 먹다가 남으면 버려요. 남에게 안 줘요. 왜 줘야 해? 내가 내 돈으로 샀는데…….

— 이송, 영화「폴란드로 간 아이들」 중에서

영화「폴란드로 간 아이들」에 출연한 탈북자 이송은 처음에는 통일이 되어야겠다고 생각했지만 남한에서 생활하면서 그런 마음이 바뀌었다고 말합니다. 통일이 되었을 때 경제적으로 손해 보기를 싫어하는 남한 사람들이 북한 사람들을 자기 집에 쳐들어 온 침략자처럼 보지 않을까 걱정했다는 것입니다. 그녀는 남한 사람들과 북한 주민들을 보면 더 이상 같은 민족 같지가 않다고 말합니다.

인디고 서원의 청소년들은 바로 이 두 가지 통일에 대한 패러독스를 극복하고자 했습니다. 특별히 이를 염두에 두고 토론을 한 것은 아니었습니다만, 토론의 결과 청소년들은 이미 지금까지 우리가 이야기하지 않았던 통일에 대한 문제를 말하고 있었습니다. 인디고 서원의 청소년들이 바라본 통일은 단지 두 나라가 한 나라로 흡수되거나 합쳐지는 것이 아니었습니다. 이 청소년들은 통일이 새로운 나라를 만들어 가는 과정이라고 말합니다. 남한과 북한에 있는 문제점들을 솔직하게 대면하고, 우리가 함께 이를 극복해 나가는 정의롭고 평화로운 나라를 만드는 것입니다. 이를 위해서 먼저 해야 할 일은 통일의 경제적 이해득실을 따지는 것이 아니라 지금 우리나라가 통일을 해도 괜찮은 나라인지 진지하게 반성하고 성찰하는 것입니다. 이 토론에 참여한 청소년들은 우리 자신의 문제점을 진실하게 바라보는 것을 통해 이를 해결할 수 있는 새로운 나라에 대한 희망을 가슴에 품고자 했습니다.

나에 대해서 제대로 아는 사람만이 비로소 다른 사람과 정직한 관계를 맺을 수 있습니다. 청소년들이 말하는 바는 명쾌합니다. 바로 우리 자신의 문제를 제대로 바라봐야 한다는 것입니다. DMZ에 걸쳐 있는 군사 장벽을 철폐하기 위해선 먼저 우리 안의 나와 너를 가르는 장벽을 없애야 한다는 것입니다. 청소년들은 통일을 위해서 통일 교육이 필요한 것이 아니라고 말합니다. 성적에 따라 차별하고, 점수로 친구 사이를 갈라놓는 교육이 아니라 모두가 행복하고, 가치 있는 삶에 대해서 고민할 수 있는 진정한 의미에서의 교육이 필요하다고 말합니다. 청소년들은 통일 정치가 아니라 민주적이고 정의로운 정치가, 통일 경제가 아니라 공정하고 약자를 보호하는 경제가, 통일 문화가 아니라 다양성을 인정하고 생명을 존중하는 공생의 문화가 필요하다고 말합니다.

이 토론을 통해서 확실히 깨닫게 된 것은 더 나은 미래를 진지하게 고민하는 미래 세대에게 통일 문제를 맡겨야 한다는 것입니다. 통일에 대해서 가장 큰 영향을 받는 것이 미래 세대라면, 이 문제에 대해서 가장 치열하게 고민하고 토론해야 하는 주체도 남북한의 미래 세대가 아닐까요? 통일에 관한 토론을 진행하면서 남북한의 청소년들이 만나서 진지하게 이들이 함께 만들어 갈 새로운 나라에 대해서 토론하는 모습을 상상할 수 있었습니다. 누구나 꿈꾸길 마다하지 않을 평화롭고 정의로운 나라, 공정하고 약자를 보호하는 나라, 다양성을 보호하고 생명을 존중하는 아름다운 나라, 사람이 사람답게 살 수 있는 나라는 단순한 이상이 아니라 청소년들의 뜨거운 숨결 속에서 그 어렴풋한 실루엣을 드러내고 있었습니다.

이 글을 읽고 계신 여러분께, 우리는 이제 통일의 패러독스를 극복하고 평화와 공생의 나라로 가기 위한 여정을 함께 떠나기를 제안합니다. 그것은 바로 우리 사회에 대해 깊이 반성하고 성찰하며, 이웃에 대하여 인간적인 우애와 연민 어린 사랑을 실천하고자 하는 청소년들에게 절대 권력을 주는 일이라고 생각합니다. 여러분께서 이 토론에 함께해 주신다면 우리는 분명 지금보다는 조금 더 나은 통일을 꿈꿀 수 있으리라 생각합니다.

인디고 서원 연구원 일동

차례

2장 청소년, 통일 교육을 말하다

3장 사람답게 사는 길, 통일

우리가 꿈꾸는 통일

들어가는 말
평화를 찾아 떠나는 가슴 벅찬 여정

우리 옛이야기 중에 「바리데기」 설화가 있습니다. 왕위를 이을 아들을 원했던 오구대왕은 왕비가 내리 일곱 명의 공주를 낳자 화가 났고, 마지막에 태어난 공주를 죽이라고 명령하며 이야기는 시작됩니다. 딸을 차마 죽일 수 없었던 왕비는 공주를 강물에 띄워 보냅니다. 〈버려진 아기〉라는 뜻의 바리데기라는 이름은 이렇게 붙은 것이죠. 다행히 바리공주는 공덕할미와 할아범에 의해 구출되어 잘 자라는데, 바리는 산속에 사는 모든 생명체와 소통하는 특별한 능력을 가진 아이였지요. 그런데 바리공주가 15세 되던 해에 왕은 불치병에 걸립니다. 신탁을 통해 지옥에서 가져온 생명수를 마셔야 살 수 있다는 사실을 알게 되고, 여섯 공주 중 아무도 고행길을 떠나려 하지 않자 바리공주를 찾아가 염치없지만 생명수를 구해 달라고 부탁합니다. 바리공주는

　　　　　　　　　　　　1장 우리가 꿈꾸는 통일

비록 자신을 버린 아버지였지만, 나라를 이끄는 왕을 살려야 백성들이 행복하게 살 수 있기에 생명수를 찾으러 떠납니다. 자신이 지냈던 숲속과는 달리 왕궁으로 들어가는 길에 만난 백성들은 가난, 전쟁, 질병으로 고통받으며 너무나 힘들게 살아가고 있었기 때문입니다.

자신만의 행복의 감각을 통해 스스로 자유로워져야 하지요. 참된 자아를 찾아서 모험하는 바리, 사랑을 통해 강해지는 바리, 자신을 부정한 존재를 원한과 증오가 아닌 포용과 용서로 끌어안음으로써 세계의 상처를 향해 손 내미는 바리공주는 지금과 같은 시기에 우리에게 꼭 필요한 힘이 무엇인지를 생각하게 합니다.

— 김선우, 『희망을 부르는 소녀 바리』 중에서

4·27 남북정상회담이 열린 지 1년이 지났습니다. 우리가 통일에 대해서 접근하는 방법 또한 바로 이런 바리 이야기에서 도움을 받을 수 있습니다. 흔히 〈우리의 소원은 통일〉이라는 말처럼 우리는 통일을 의문의 여지없는 당위로 여기는 경향이 있습니다. 하지만 그렇게 생각하는 것은 바리공주가 단지 효녀였기 때문에 생명수를 구하러 간 것이

라고 말하는 것과 같지요. 그러나 바리공주는 진심으로 타인의 고통에 공감하고 세상을 구하기 위해 정의로운 걸음을 내디뎠던 것입니다.

분단된 지 70년이 넘은 우리 민족은 그로 인한 수많은 고통 속에서 살아왔습니다. 우리는 강대국들의 패권 다툼과 이념 전쟁 속에 강제로 분단되고, 전쟁을 겪어야 했습니다. 이후 전쟁의 위협은 무수한 갈등과 반목을 낳았고, 이로 인한 폐해는 이루 말할 수 없습니다. 특히 이산가족이 흘린 통곡의 눈물은 강과 바다를 이루었으며, 이제 그 눈물을 닦을 기회는 얼마 남지 않았습니다. 지금까지 우리는 정치적으로 조금이라도 다른 생각을 가진 이들을 적으로 간주했습니다. 다른 생각을 가졌다가는 목숨을 잃을 수 있었기에 집단주의적이고 폐쇄적인 공동체 문화가 정착되었고, 조금이라도 다르다 싶으면 틀렸다고 낙인찍는 문화가 형성되었습니다.

통일이 결코 쉬운 일이 아님을 젊은 세대들은 잘 알고 있습니다. 새로운 통일 운동의 시작은 〈통일을 하면 좋다〉라는 명제가 아닙니다. 통일 이전에 우리나라가 통일을 해도 괜찮은 나라인지 돌아보는 일부터 시작해야 합니다. 통일은 남한과 북한의 만남입니다. 그런데 지금 남한의 모습은

　　　　　　　　1장 우리가 꿈꾸는 통일

어떤가요? 무한 경쟁의 질서 속에서 나 이외에 타인에게는 관심이 없거나, 나와 다른 이들에 대한 혐오가 만연합니다. 경제적·사회적 약자는 보호받지 못하고, 환경은 크게 오염되었고 천혜의 자연은 개발 광풍에 손상되었습니다. 부동산을 둘러싼 투기 과열은 심각한 수준입니다. 청소년들은 묻습니다. 이대로 통일을 해도 괜찮은 것일까요? 우리 내부의 문제도 제대로 해결하지 못하고 있는데 통일은 가당키나 한 말일까요? 북한의 주민들은 이러한 남한의 모습을 보면서 통일을 하고 싶은 마음이 들까요?

그렇다면 통일을 이야기하기 위해서 우리가 먼저 이야기해야 하는 것은 무엇일까요? 우리 사회의 통일 담론에서 가장 중요하지만 빠져 있는 것은 무엇일까요? 이는 바로 통일에 대한 새로운 비전입니다. 통일은 단지 두 나라가 한 나라로 흡수되거나, 합쳐지는 것을 의미하지 않습니다. 우리가 생각해야 하는 통일은 바로 새로운 나라를 만들어 가는 과정인 것입니다. 남한과 북한에 있는 문제점들을 솔직하게 대면하고, 우리가 함께 건설할 새로운 나라는 그런 문제점을 극복한 정의롭고 평화로운 나라가 될 것이라고 말해야 합니다.

마치 바리공주가 고통받는 사람들을 위해서 생명수를

구하러 떠났듯, 우리는 우리 시대가 갖고 있는 수많은 문제를 해결하기 위해서라도 통일을 논의해야만 합니다. 이기심을 넘어서 진정한 이타심, 평화에 대한 확신, 더 나은 세상을 만들어 간다는 굳은 신념 그리고 희망을 바탕으로 말이지요. 전 세계적으로 자민족·자국 중심주의 경향이 점차 강해지고 있습니다. 그리고 그 정점에 미국과 중국의 보이지 않는 전쟁이 있습니다. 무역을 비롯하여 경제적 차원에서 씨름하고 있는 미국과 중국 사이에 정확히 끼어 있는 곳이 한반도입니다. 뿐만 아니라 이미 구시대라곤 하지만 제2차 세계 대전과 이후 이어진 세계적 냉전의 중심에 있었던 곳이 한반도이며, 일본과 중국의 동아시아 패권 다툼의 중간에 있기도 합니다.

만약 이런 여러 열강 사이에 분쟁이 일어난다면 한반도가 전쟁의 도가니가 될 가능성이 높습니다. 그런 점에서 우리의 의무는 바로 전쟁의 중심에 놓일 수 있는 한반도를 평화가 시작하는 완충지이자 강력한 평화의 메시지를 세계에 전하는 발신지로 만드는 것이 아닐까요? 제2차 세계 대전으로 분단된 나라 중 유일하게 분단을 유지하고 있는 국가가 갈등과 상처를 극복하고 평화로 나아가는 길에 앞장선다면 세계인의 가슴속에 자국의 이기주의를 넘어서 보

1장 우리가 꿈꾸는 통일

편적인 가치로서 평화를 논의할 수 있는 불을 지필 수 있지 않을까요?

그런 평화로 떠나는 여정, 평화로운 세상을 만드는 생각만 해도 가슴 설레지 않나요? 여러분 하나하나가 바리공주가 되는 것, 그런 넓은 마음과 새로운 가치를 선택하는 용기를 내는 것 그것이 바로 통일로 가는 길입니다.

청소년이 생각하는 통일과 북한

이유진(15세) 여러분은 〈통일〉이라는 주제에 대해 가장 먼저 떠오르는 것이 무엇인가요? 저는 아무래도 북한 그 자체가 먼저 떠오릅니다. 주변 사람들과 북한에 관한 이야기를 시작할 때면 거의 혐오 먼저 드러냅니다. 북한을 미워하고 싫어하는 마음이 먼저 드는데, 〈굳이 통일을 해야 해?〉라고 말하는 친구들이 많고요.

김보민(15세) 최근 북한과 관련해 긍정적인 뉴스들이 많지만, 문제는 그런 이야기들에 다들 관심이 없다는 거예요. 학생은 교과서 내용대로 시험 성적을 위해 공부하라고만 하니, 정치적 이슈에 대해 대화하기를 꺼리고요. 학생들의 시야는 자기 앞에 놓인 공부에만 갇혀 있어요. 아이들이 통일에 거의 별다른 입장이 없다는 것이 솔직한 이야기예요.

변종윤(16세) 도덕 교과서에도 통일 이야기가 나오지만, 교과서에 나오는 이야기는 형식적이라는 생각이 듭니다. 보통 통일을 주제로 다룬 부분에서는 통일의 장단점을 설명하고, 그럼에도 불구하고 통일이 민족의 염원이니 꼭 해야 한다고 말해요. 실질적으로 공감이 되지 않아요. 아마 보민이 말처럼 학생은 지금 당장 시험 성적에 매달려야 하니 전혀 그런 현실에 공감하지 못하는 것 같아요.

이준민(16세) 교과서에서는 통일의 장점을 〈국토가 넓어진다〉라고 말해요. 당장 내 피부에 와닿지 않는 이야기지요. 그런데 우리가 즉각적으로 마주하는 현실이 있어요. 바로 군대 문제입니다. 저는 남자 중학교에 다니는데, 군대 가는 이유가 북한 때문이라고 생각해요. 그래서 북한에 적대심을 갖고 있고, 통일은 하면 안 된다고 생각하지요. 물론 통일을 하면 아무래도 군의 규모가 작아질 테고 모두가 군대에 갈 필요는 없어질 테죠. 하지만 우리 세대에는 통일이 오지 않을 거라고 여기니까 그저 북한이 망하면 좋겠다거나 북한을 혐오하는 것 같아요.

전태화(15세) 사회 전반적인 분위기도 문제라고 생각합니다. 북한에 대해서 잘 알지도 못하고 알려고도 하지 않으니 확인도 안 된 소문들만 무성해요. 북한 사람들을 독재로 억압받는 미개한 사람들로 생각하거나, 늘 우울하고 가난하고 찌든 모습으로 떠올리지요.

김보민(15세) 그러니 남한이 북한보다 우월하고 잘났다고 생각하고, 통일을 하면 손해 볼 일들이 많을 거라고 생각해서 통일을 더 부정적으로 바라보는 것 같아요.

이유진(15세) 지금까지 나온 이야기를 조금 정리해 보죠. 북한에 대한 우리의 인식이 여러 이유로 부정적이고, 우리보다 더 못살고 수준이 낮다고 생각하는 경향이 있다는 건데요. 그래서 통일을 해서는 안 된다고 생각한다면, 우리가 북한보다 못살았다면 통일을 환영했을까요? 그런 방식으로 통일을 생각하는 건 너무 단편적이고 이기적인 것 같습니다.

　통일을 하면 교육, 사회, 언론, 헌법 등 사회가 전반적으로 변해야 합니다. 새로운 나라를 만드는 일이지요. 그럼 우리가 고민해야 하는 것은 그 새로운 나라를 어떤 나라로 만들고 싶은지와 같은 더 원대한 꿈이어야 하지 않을까요?

남한이 갖고 있는 문제와 북한의 문제를 극복하여 서로가 서로의 부족한 점을 어떻게 메울지 생각한다면, 엄청난 가능성이 열리지 않을까요? 그런 식으로 생각하면 통일 한반도의 핵심적 가치는 무엇이어야 하는지를 두고 가슴 뛰게 이야기할 수 있습니다.

이대로 통일을 한다면 어떻게 될까

김보민(15세) 맞아요. 그러면 우리 사회가 가진 문제점들을 먼저 살펴야 할 것 같아요. 사실 우리가 일상에서 겪는 문제가 통일을 가로막는 문제와 근본에서는 같다고 생각해요. 제가 생각하는 가장 큰 문제는 이기심이에요. 학교에서 노트 필기를 보여 주는 것조차 꺼리는데, 어떻게 휴전선 너머의 북한 사람들을 생각할 수 있을까요? 우리는 자꾸 어떤 행동이 나에게 손해가 되는지, 이익이 되는지만 따지는 상황 속에 놓입니다. 개개인이 나빠서 그렇다기보다 사회 구조가 자꾸 우리를 이기적으로 만들어요. 시험공부를 할 때도 내 등수가 내려가지나 않을까 걱정하기 때문에 노트 필기를 보여 줄 수 없는 것이지, 애초부터 우리가 이기적이어서 그런 것은 아니라고 생각해요.

1장 우리가 꿈꾸는 통일

최은수(18세) 한국 전쟁이 있었기 때문에 북한에 대해 갖고 있는 적개심을 마냥 무시할 수는 없어요. 다만 우리 세대는 직접 전쟁을 겪지 않았기 때문에 새로운 면들을 볼 수 있는 것이지요. 그러니 우리가 노력해서 극복해야 한다고 생각해요.

그런데 제 또래 친구들 중에서도 무의식중에 반공 논리를 내보이는 경우가 많아요. 그런데 저는 그 마음이 잘살려는 강박에서 나온다고 생각해요. 내가 많이 가져야 하고, 내가 잘되어야 하니, 북한은 중요하지 않다는 거지요. 그런데 무작정 좋은 대학에 입학하고, 좋은 직장에 취직하고, 높은 연봉을 받으면 잘 사는 것이라는 생각은 일종의 강박이에요. 학교 안에서 보면 〈그래도 대학은 제대로 가야지, 그래도 직장은 좋은 데 가야지〉 이런 식으로 사회가 요구하는 길대로 사는 것이 잘 사는 거라고 생각하는 것 같아요. 이 경로를 벗어나는 것을 무서워하고, 사람들이 무시하지 않을 만한 것들에 집착하는 경향이 있어요. 하지만 그런다고 꼭 행복해지는 것도 아니고, 그렇게 산다고 꼭 잘 사는 게 아니잖아요. 우리가 그렇게 아등바등 열심히 해서 정말 모두가 더 안전하고 더 자유롭고 더 행복하게 살고 있나요? 더 넓고 더 멀리 보는 힘이 필요해요. 어쩌면 우리가 시작해야 할 논의는 〈무엇이 잘 사는 삶인가?〉 혹은 〈무엇이 성공한 삶인가?〉 그런 주제일지도 모르겠습니다.

심예지(18세) 학교에서 우리나라도 난민을 적극적으로 수용해야 한다는 내용으로 발표한 적이 있는데 친구들이 〈너 너무 감성적으로 생각하는 거 아냐?〉라는 식으로 말하더라고요. 저는 난민을 수용하는 것이 감성적인 것이라고 생각하지 않고, 다른 사람의 아픔에 공감하고 함께 어려움을 헤쳐 가려는 마음이 나쁜 것이라고 생각하지 않아요. 그런데 그런 이야기를 들으니 충격이었어요. 사람들의 아픔과 슬픔에 공감하는 능력이 절실하게 필요하다고 생각해요.

이정준(16세) 맞아요. 지금 우리가 이야기하고 있는 우리 안의 문제를 극복하지 않은 채 통일을 한다면 분명 북한 사람들을 차별하게 될 거예요. 통일이 오히려 더 큰 사회 문제를 만들어 낼 게 분명해요.

임찬우(15세) 그래서 물리적인 통일보다 정신적·정서적·문화적 통일이 더 중요하다고 생각해요. 이미 우리 사회도 양극화가 굉장히 심해요. 돈 많은 사람이 그렇지 못한 사람

1장 우리가 꿈꾸는 통일

에게 인간 이하로 대하는 일명 〈갑질 문화〉도 정말 큰 문제이고요. 사실 북한을 바라보는 우리의 시선은 그 대상만 다르지 우리의 일상 속에 늘 있어요. 경쟁이 가속화하다 보니까 결국 나만 생각하고, 그래서 이런 상황들이 생기는 것 같아요. 나만 생각하는 이기적인 마음이 없어져야지 통일도 조화롭게 이루어질 것 같아요.

우리가 꼭 통일을 해야 하는 이유

김경민(17세) 기후 위기에 대응하라는 메시지로 전 세계 청소년들의 목소리를 이끌어내고 있는 스웨덴 소녀 그레타 툰베리는 〈지금 죽어 가는 사람들과 생명체들이 있습니다. 그렇기에 우리가 지금 이 문제에 대해 무조건 얘기를 해야 하고 우리가 살아갈 미래를 위해서 해결해야 합니다〉라고 말해요. 그렇다면 이것만큼은 정말 바꿔야 하기 때문에 통일을 해야 한다고 주장할 수 있는 것들을 함께 이야기해 보고 싶어요.

예를 들어, 저는 인명 피해와 같은 사상자가 생기지 않기 위해서 통일이 꼭 이루어져야 한다고 생각해요. 천안함 사건처럼 사상자가 생기는 일은 절대 없어야 할 것이고, 우리가 알지 못하는 수많은 군대 사고 역시 마찬가지예요. 죽지 않아도 되는 귀한 생명들을 더 이상 잃지 않기 위해서라도 통일을 정말 진지하게 생각해야 하는 것이지요.

이가은(18세) 사실 우리나라는 분단국가로서 외교 측면에서 불안정한 위치에 놓여 있어요. 이 위치를 안정시키기 위해 통일이 되어야 한다고 생각해요. 옆 나라에 의해 좌지우지되는 모습에서 벗어나 우리의 자주권을 행사하고, 우리 주장을 외교적 측면에서 확실히 얘기할 수 있기 위하여 통일이 필요해요.

심예지(18세) 자주적으로 통일하는 것이 제일 중요하다고 생각해요. 역사를 보면 강대국들을 통해서 통일을 이루었을 때 주체적인 입장을 띠지 못하고, 그 강대국들에게 잘 보이려는 양상을 띠어요. 진정한 통일이 되려면 우리만의 주체적인 결정을 통해 자주 통일이 이루어져야 한다고 생각해요. 하지만 현실적으로 미국과 중국 등 정말 강한 국가들의 압력을 무시하기 어려운 상황이에요. 삼팔선이 그어진 그때와 크게 다를 것 없다는 생각도 들고요. 정말 현명한 선택과 지혜로운 판단이 필요하다고 생각해요.

김솔(17세) 저는 통일을 꼭 해야 하는 이유가 우리나라의 많은 문제가 새로운 국면을 맞아 해결될 가능성이 높기 때문이라고 생각해요. 앞서 언급한 성장 중심의 이기적인 문화나 양극화 문제뿐만 아니라, 청소년 자살률이나 행복 지수에서도 우리가 오랫동안 하위권에 있다는 사실 모두가 알고 있잖아요? 이런 문제들도 해결할 수 있지 않을까요?

이가은(18세) 그런데 그렇게 막연하게 기대만 해서는 안 된다고 생각해요. 우리가 바꾸어야 할 사회에 대해 명확하고 자세한 비전을 제시해야 하죠. 〈우리 이대로는 안 돼〉라는 말은 10여 년 전부터 해왔잖아요.

김세영(18세) 그와 관련해서 독일의 통일에 대해서 얘기를 조금 해보자면, 철학 있고 품격 있는 지도자와 교양 있는 시민들이 있었다고 합니다.

첫째, 서독의 적극적인 통일의 노력이 있었고 어떤 대가를 치르더라도 통일을 해야겠다는 확고한 의지를 가지고 있었다는 점. 둘째, 동독 스스로 민주화를 위한 노력을 하면서 서로를 존중하려 했다는 점. 셋째, 경제력과 외교, 그리고 가장 중요한 품격 있는 지도자와 교양 있는 시민들, 통일에 대한 불편함이 있지만 감내할 수 있는, 그것을 감수할 수 있는 시민들이 있었다.

— 정경호, 『선생님, 통일이 뭐예요?』 중에서

통일에 대해 상당 부분 불편함이 있었지만 이를 충분히 감내해 낸 시민들과 그것을 설명할 수 있는 지도자가 있었다는 것이지요. 단순히 지도자 몇 명이 통일을 이룬 게 아니라는 사실에 주목해야 합니다. 불편함을 감수하고서라도 만들어 가고 싶은 세상은 무엇인가, 우리는 어떤 사회를 원하는가에 대해 강력한 비전을 가지고 그것을 진행하는 모습이 필요하다고 생각해요.

통일이 되려면 정의로운 시민이 있어야 한다

최은수(18세) 지도자가 현명하더라도 국민의 요구를 반영하지 않거나 그 요구를 무시한다면, 거꾸로 국민이 현명해도 지도자가 우매하다면 어떤 정책도 제대로 운용되지 못하는 건 당연한 이치예요. 정부와 국민 간의 상호적 역할이 중요해요. 정부가 어떠한 정책을 실행하려 해도 국민이 자신의 이익만을 추구한다거나 알려고도 하지 않으면 제대로 운영되지 못할 거예요. 그렇기 때문에 각자의 위치에서 자신의 역할을 바로잡는 게 제일 중요하지 않을까 생가해요.

심예지(18세) 우리나라 국민은 불만은 많지만 그것을 해결하거나 문제 그 너머의 모습을 상상하고 실행하는 단계로 나아가지는 못하는 것 같아요. 통일에 대해서도 남북정상회담을 할 때만 잠시 관심을 두다가 곧 잊어버리곤 하죠. 공동의 문제에 관심을 가지는 힘이 부족한 것 같아요.

우리는 왜 공공의 문제에 관심을 두지 않을까요? 왜 공적 문제에 관심이 없고 아무것도 하지 않을까요?

소준하(17세) 학생의 입장에서 보면, 해야 할 일들이 너무 많고 수행 평가나 이런 것들에 억눌려 지내요. 주변에서 일어나는 공공의 문제에 대해 신경을 쓸 겨를이 없고, 관심을 두려고 해도 잘 안 되는 것 같아요.

김세영(18세) 아무리 공적인 일이라 해도 나에게 직접적인 이익이나 손해로 다가오지 않는다면 해당 사항이 없다고 생각하는 것 같아요. 통일 문제가 너무 멀게 느껴진다면, 최근 심각한 문제로 떠오른 미세먼지를 한번 살펴보죠. 아침마다 미세먼지 농도를 확인해야 하고, 목이 칼칼해서 바깥 활동도 잘 못 하면서 실질적인 피해를 받고 있어요. 그런데 시민들은 그저 국가의 문제로만 치부하고 국가의 책임으로 돌리는 것 같아요. 기업과 국가가 해야 할 일이고 그렇기에 나의 책임을 전가하는 방식이지요. 물론 기업과 국가의 책임이 크지만, 그들이 제 역할과 책임을 다할 수 있도록 압력을 넣는 것은 좋은 사회를 만들고 싶은 시민들의 몫이에요.

그런데 우리는 굉장히 개인적인 방식으로 이 문제를 대해요. 마스크를 끼거나, 공기청정기를 구입하지요. 그런데 그런 선택은 오히려 미세먼지 문제를 더 심각하게 할 뿐이에요. 함께 목소리를 내야 하죠. 우리가 원하는 건 깨끗한 공기이니, 이에 대해 실질적인 대책을 만들어 내라고 말이에요.

통일도 마찬가지예요. 사실 통일이 되지 않아 우리가 직간접적으로 겪는 어려운 상황이 얼마나 많나요? 앞서 언급한 군대, 차별과 혐오 문화, 외교적인 간섭 등 다 헤아리기도 어려워요. 그런데 그 문제를 개인이 해결할 수 있나요? 그렇지 않죠. 공동의 문제를 공적으로 해결하고자 하는 시민다움을 좀 더 길러야 해요.

최은수(18세) 그런 시민다움은 어떻게 기를 수 있을까요? 사실 저는 실패의 경험이 많아요. 〈공적 문제를 해결해 보자, 캠페인을 함께하자〉는 권유를 무시당하거나 거절당하는 경험이요. 제가 요즘 빨대를 사용하지 않는 운동을 하고 있어요. 그런데 사람들에게 그 운동을 같이하자고 하면 거절

해요. 왜 그렇게까지 거절하는지 모르겠어요. 그렇게 어려운 일이 아닌데. 〈이렇게 사는 게 편하니까〉라고 말하는 사람들이 대부분이죠. 지금까지 살아온 양식에 집착해서 빨대 끊는 것처럼 아주 사소한 것조차 바꾸기 어려워해요. 왜 그런지 모르겠어요.

김경민(17세) 그러한 행위를 했을 때 나중에는 이익이 있다고 하더라도 지금 내가 인식할 수 있는 직접적인 이득이 보이지 않기 때문이라고 생각해요.
학교의 정원을 청소하자는 명목으로 30명을 모으는 것은 굉장히 어렵겠지만, 대치동에서 유명한 입시 강사가 온다고 하면 30명은 물론이고 300명도 정말 쉽게 모을 수 있을 거예요. 바로 결과가 생기니까 아이들이 적극적으로 참여를 할 테죠. 이렇게 직접적으로 이득이 온다고 인식하지 못하기 때문에 나서는 사람들이 없는 것 같아요.

최은수(18세) 〈질서에서 내가 벗어나는 행위, 내가 하고 있는 생활과 조직에서 멈춰 보는 시도를 얼마나 해봤나〉라는 생각을 해봤을 때 너무 없는 것 같아요. 예를 들어 그레타 툰베리는 어른들에게 기후 변화에 대한 자신의 절박함과 책임을 져야 한다는 절실한 목소리를 전하기 위해 등교 거부를 하고 있어요. 그런데 저는 실제로 학교를 거부해 보지도 않았는데 그런 선택이 막연한 공포로 다가온다는 거죠. 등교 거부로 저에게 올 불이익들, 예컨대 벌점을 받는다거나 그래서 생활기록부에 나쁜 기록이 남는다거나 그런 사실에 두려워져요. 그 선택을 통해 생겨날 마찰에 대해서도 마찬가지예요. 그 불편함을 감내하거나 다른 선택을 했을 때 다가올 이질감을 견디는 데 너무 익숙지 못하지 않나 그런 생각이 들었습니다.

김세영(18세) 그런데 〈왜 나만 해야 해?〉라고 생각하는 억울함을 가지거나, 나 혼자서는 해결되지 않을 거라고 체념하고 그냥 포기하면 안 된다고 생각해요. 계속 문제를 제기해야겠지요. 분명 내가 옳다고 생각한 것이 정말 정의롭고 정당한 것이라면, 설득할 수 있도록 더 많은 공부도 해야 할 것이고요.

임찬우(15세) 한 명이 한 곳을 보고 있으면 아무도 보지 않아요. 두 명이 한 곳을 보고 있어도 신경 쓰지 않죠. 하지만 세 명이 같은 곳을 보고 있으면 그곳을 같이 보게 돼요. 이런

걸 임계점이라고 하는데 사회적으로 임계 수준 이상의 사람들이 그것을 하고 있으면 그것을 안 하는 것이 오히려 이상한 일이 되고 결국 질서가 돼요.

김세영(18세) 그렇다면 통일에 있어서 그 지점은 어디일까요? 3만 명일까요? 30만 명일까요? 그 역할에는 교육과 언론이 아주 중요하겠지요? 불가능하지 않을까 생각하다가 문득 쓰레기 분리 배출 문화가 떠올랐어요. 사실 우리나라는 쓰레기 분리 배출에 전 국민이 적극적으로 참여해요. 어떻게 그렇게 분리 배출을 잘하게 되었을까 연구가 필요한 것 같아요. 공동의 캠페인을 진행하는 데 적용할 수 있도록 말지죠. 거꾸로 에스컬레이터 한 줄 타기 운동이라든가 〈장애인〉 대신 〈장애우〉라는 표현을 쓰자는 운동을 했다가 그것에 문제가 있으니 반대로 바꾸려고 아무리 노력해도 별로 성과가 없었어요. 어떤 운동의 경우엔 아무리 노력해도 변화가 일어나지 않아요. 어떤 사회적 운동들에 사람들이 열광하고 그 원칙을 철저하게 따르고 있는지를 살펴볼 필요가 있어요.

삶이 아름다움을 간직할 수 있도록

김나연(16세) 『선생님, 통일이 뭐예요?』를 읽어 보면 〈고려가 강대국이 아니었음에도 백성들에게 복지를 해주고 민생을 안정시킴으로써 백성들의 분란을 없애 통일이 가능하게 되었다〉라고 말해요. 저는 일단 우리나라 안에서 분란을 없애야 북한과의 통일에서 분란이 없을 거라고 생각해요. 사실 가장 의아하면서 신기한 부분은 우리 역사에 이미 통일이 있었다는 부분이에요. 통일 신라나 고려처럼. 이책에는 당시 민생이 어려웠다는 점, 새로운 사회가 필요하다는 합의가 있었다는 점, 그 합의를 이룰 지도자가 있었다는 점을 역사적 배경으로 들고 있어요.

어렵더라도 무엇을 희망할 것인가, 어떤 비전을 품어야하는가, 우리 사회의 어떤 뿌리를 끊고 통일로 나아갈 것인가에 대해 깊이 생각하고 대화를 나눠야 해요.

김보민(15세) 사실 통일 이후 이루어질 여러 가지 일들을 생각하면 가슴 설레는 일들이 너무 많아요. 오늘날 우리 지구가 처해 있는 생태 환경의 문제를 극복할 계획도 추진해 볼 수 있을 테고, 교육에 있어서도 이참에 아예 인문적 요소들을 새롭게 채워서 개편할 수도 있을 거예요. 하지만 가장 중요한 것은 우리 마음대로 북한을 이렇게 저렇게 개발하고 개편하려는 마음을 가지면 안 된다는 점이겠지요. 어떻게 북한과 균형을 맞출 것인가 고민이 필요해요.

북한과 통일을 하면 좋은 점으로 항상 북쪽에 매장된 지하자원이나 개발되지 않은 땅 이야기를 해요. 이런 손익을 따지는 부분이 굉장히 남한 중심적 사고라고 생각해요. 한반도의 통일은 전 세계적으로 큰 의미가 있다고 봐요. 물질적으로 무엇을 더 가질 수 있을 것인가 하는 이기적인 마음은 버리고, 우리는 세계에 어떤 메시지를 전해 줄 수 있을까에 대해 얘기를 나눠야 해요.

프랑스에서 68혁명이 일어났을 때 〈상상력에게 권력을〉이라는 구호를 만들었다고 해요. 그렇다면 우리는 어떤 구호와 원칙들을 만들 수 있을까요?

임찬우(15세) 통일이 궁극적인 목표가 되기보다는 건강한 사회를 만들어 가는 과정이자 큰 방향성이어야 할 것입니다. 통일 자체에만 초점을 맞춘 근시안적인 교육과 정책보다는 한 개인을 윤리적·민주적 시민으로 키우는 인문 교육, 소수자와 약자를 보호하는 정책과 언론 등 우리 사회가 통일을 해나가는 과정에서 제대로 된 지혜를 발휘하기 위한 근육을 부지런히 키워야 해요. 이 근육은 절대로 한 번에 만들어지지 않고 오랜 시간 국민이 갈고 닦아야 할 것입니다.

저는 사람의 역량과 진가는 위기에 대응하는 모습에 있다는 말을 요즘 많이 느낍니다. 감정에만 매몰되지 않고 따뜻한 마음과 냉철한 이성을 발휘하는 것, 자신의 고집만 부리지 말고 다양한 의견이 나올 수 있도록 가장 좋은 방법을 함께 찾아 나가는 것, 여유가 없을 때일수록 더 주변을 둘러보고 배려하려고 노력하는 것 등 한 사람이 지금껏 쌓아왔던 지혜를 총동원해서 상황을 개선하는 데 힘을 쏟아야 합니다. 한 사회도 마찬가지입니다. 우리 사회는 아직 그 근육이 참으로 부족하다고 생각합니다.

멀고 막연한 이상으로만 느껴졌던 통일이 비로소 지금 이 순간 현실로 다가옵니다. 통일을 위해서는 개개인이 주인 의식을 가지고 윤리적인 선택을 할 수 있어야 하며, 아름다움을 추구하는 하루하루가 필요합니다. 그러한 개인들이 모인 사회가 성숙할 수 있는 나날들이 필요해요. 세계의 평화를 외치는 새로운 세대에게 통일은 그 과정에서 필연적으로 따라올, 또 한 번의 도약일 것입니다.

그러니까, 〈삶이 아름다움을 간직할 수 있도록〉 노력하는 것이지요. 통일은 그 아름다운 삶을 만드는 과정이고, 목표이고, 또 방법일 수 있습니다. 우리가 통일을 그렇게 생각한다면 인류애가 넘치고 세계 평화에 기여하는, 정말 이 세계에 둘도 없는 역사를 만들 수 있을 거예요.

진정한 평화란 무엇인가요?

평화 통일로 향하는 행복한 일상 만들기

사람들은 누구나 행복하게 잘 살기를 꿈꿉니다. 그래서
〈성공한 삶〉을 살기 원하지요. 그런데 〈성공〉이란 정말로
무엇일까요? 돈이 많으면 성공일까요? 명예가 높으면 성
공일까요? 권력이 있으면 성공일까요? 미국 시인이자 사
상가인 랄프 왈도 에머슨은 한창 미국의 자본주의가 발흥
해서 사람들이 물질적인 성공을 추구하던 시기에 삶에서
진정한 성공이 무엇인지를 물었습니다.

자주 그리고 많이 웃는 것

현명한 이에게 존경을 받고

아이들에게서 사랑을 받는 것

정직한 비평가의 찬사를 듣고

믿지 못할 친구의 배반을 참아 내며

아름다움을 식별할 줄 알며

다른 사람에게서 최선의 것을 발견하는 것

건강한 아기를 낳든

한 뙈기의 정원을 가꾸든

사회 환경을 개선하든

자기가 태어나기 전보다

세상을 조금이라도 살기 좋은 곳으로

만들어 놓고 떠나는 것

자신이 한때 이곳에 살았음으로 해서

단 한 사람의 인생이라도 행복해지는 것

이것이 진정한 성공이다.

— 랄프 왈도 에머슨, 「무엇이 성공인가」 중에서

물질적 성취나 대중에게 인정받는 일처럼, 우리가 흔히 생각하던 성공의 기준과는 조금 다르지 않나요? 하지만 이 시에서 소개한 것처럼 〈세상을 조금이라도 살기 좋은 곳〉으로 만든 사람들이 많이 있고, 이들은 사회에서 흔히 생각하는 성공과는 거리가 먼 삶을 살기도 했습니다. 이들은 때로 세상에서 〈바보〉로 불리기도 합니다.

바보로 불린 이들 중에는 장기려(張起呂, 1911~1995)와

나카무라 테츠(中村哲, 1946~2019)가 있습니다. 장기려는 한국에서 출세가 보장된 의학 박사이자 최초로 간 절제 수술에 성공할 만큼 실력을 갖춘 의사였습니다. 하지만 돈과 명예를 추구하기보다 평생 가난한 사람들을 돌보며 살았습니다. 한국 전쟁 당시 부산에서 사람들을 치료하기 시작해서 언제나 가난한 사람의 편에서 생각하고, 이들을 위한 의료 활동을 펼쳤습니다. 그런 노력의 일환으로 지금 대한민국 사람이라면 누구나 누릴 수 있는 〈의료 보험〉의 첫 기틀을 닦기도 했지요. 오랜 시간 병원장으로 지냈고, 평생을 환자를 보살폈지만 그가 세상을 떠날 때 남긴 재산은 옥탑방을 포함해 1천만 원이 되지 않았습니다. 언제나 환자들을 위한 삶을 살았기 때문입니다.

일본인 의사 나카무라 테츠도 있습니다. 테츠는 파키스탄으로 의료 봉사 활동을 떠납니다. 거기서 가난한 아프가니스탄 한센병 환자들을 만나고 이들을 위해 무료 진료소를 세우고 의료 활동을 펼칩니다. 그렇게 활동하던 테츠의 눈에 들어온 것은 가뭄이 들어 제대로 먹지도, 마시지도 못하는 사람들의 현실이었습니다. 테츠는 현지 주민들을 위해 1,600개의 우물을 파고 수로를 개척하여, 쩍쩍 갈라진 토양을 비옥한 농토로 바꾸었습니다. 그런 활동에 힘입어

떠났던 사람들도 돌아오고, 50만 명의 사람들이 건강을 되찾았습니다.

어떻게 이들은 누가 보아도 험난한 길을 당연한 듯 묵묵히 걸어갈 수 있었을까요? 혹시 내면에 성공에 대한 자기만의 기준이 있었던 게 아닐까요?

통일을 이루기 위해 가장 필요한 것은 우선 내가 인간답게 사는 것, 인간답게 대우받는 것, 그러한 삶이 성공한 삶이 되는 것입니다. 여러분도 함께 생각해 보세요. 여러분은 어떤 삶을 살고 싶나요? 그 삶은 다른 사람의 삶도 풍요롭게 하나요? 국경 너머, 장벽 너머의 사람에게까지 나의 좋음이 가닿나요? 내 일상이 행복해져서 우리가 사는 세계도 행복해지기를 바라는 마음을 담아 시를 써보았습니다. 여러분도 노트를 펼쳐 여러분만의 시를 써보면 어떨까요?

나의 삶을 아름답게 만드는 것

김수연(15세)

하루에 몇 번씩이고 활짝 웃는 것
나의 진짜 모습을 보이기를 부끄러워하지 않는 것
인생에 함께할 사람이 한 명 이상 있는 것
나로 인해 한 사람의 생각을 변화시킬 수 있는 것

남을 사랑하고, 배려하고, 존중하며

나의 모습과 내면의 아름다움을 사랑하는 것

불필요한 명품보다 자신이 가진 것에 만족하고,

돈으로 살 수 없는

인생에서 가장 중요한 것들을 사랑하는 것

무엇보다 자신이 이루고자 하는 것을

실천할 용기와 의지가 있는 것

이것이 진정한 성공이다.

강다예, 배민주, 심규형(14세)

많이 웃고 행복한 인생을 사는 것

사람들이 부러워하는 껍데기를 가진 인생이 아니라

나 스스로 만족할 수 있는 내면을 가진 삶을 사는 것

자신을 누구보다 잘 알고

또 자신을 알아 가려고 노력하는 것

어떤 상황이 생겨도 긍정을 잃지 않고 당당해지는 것

책을 한 권 쓰거나

한 마리의 동물을 키우거나

새로운 발견을 하거나

이 세상에 사는 다른 존재를

행복하게 하는 것

자신이 한때 살았음을

한 명이라도 기억해 주는 것

이것이 진정한 성공이다.

다른 사람에게 따뜻한 손을 내미는 것

김숲(15세)

많이 웃되 슬픔을 감추지 않는 것

모든 이에게 존경을 표하고

사랑의 감정을 감추지 않고 표현하는 것

끊임없이 질문하고,

끊임없이 질문에 답하는 것

큰사람이 되라고 요구하지 않되

진짜 인간이 되라고 하는 것

우는 누군가를 위해 함께 울며

추운 누군가를 위해 안아 줄 수 있는 것

내 삶을 물었을 때

떳떳하게 말할 수 있는 것

내 주변의 사람들을 사랑하는 것

내 의견을 표현하되

상대의 의견을 듣는 것

사람들이 한때 〈나〉로 인해

더 행복했다고 느끼는 것

이것이 진정한 성공이다.

손수민(15세)

타인의 마음을 한마디로 울릴 수 있는 것

세상의 모든 다채로운 색에 푹 빠질 수 있는 것

내디딘 발걸음을 후회하지 않는 것

내가 숨 쉬는 곳을 빈 곳마저 아름답게 만드는 것

감사함을 잊지 않는 것

배움에 대해 실천으로 보답하는 것

손을 잡았을 때 온기를 전해 줄 수 있는 것

어제보다 더 나은 내가 되어서 지난날에 대해

후회하기도 하는 섯

이것이 진정한 성공이다.

허나영(15세)

자연의 경이로움을 아는 것

매사에 최선을 다하는 것

사회의 부조리함을 찾아내는 것

한 생명을 존중할 줄 아는 것

진정한 민족주의의 뜻을 아는 것

잠시 힘듦이 찾아오든

장기간의 외로움이 찾아오든

누군가에게 해맑게 웃어 주는 것

이것이 진정한 성공이다.

세상의 불의를 직시하고 용기 내 실천하는 것

김예린(14세), 김도환(17세)

사회적 약자를 잊지 않는 것

나보다 남을 먼저 생각할 수 있고

나를 희생할 수 있는 것

한 번뿐인 삶에 대해 고민하는 것

다른 사람에게 친절을 베푸는 것

바닥의 바닥

어느 한 도시의 빈민가

아무런 혜택 없이 살아가는 수많은 사람에게

조금이나마 빛이 되어 주는 것

이것이 진정한 성공이다.

김윤성(15세), 조아현(17세)

대의를 위해 자신을 희생할 줄 아는 것

항상 깨어 있는 의식을 가지고 비판할 줄 아는 것

타인의 고통에 공감할 줄 아는 것

자기 앞의 진실을 외면하지 않는 것

약자의 목소리에 귀 기울이고

그 목소리를 대변할 수 있는 것

쓰레기를 줄이든

핵발전소를 없애든

빈부 격차를 줄이든

자신이 생각하는 정의를 위해 투쟁할 줄 아는 것

소박한 것의 아름다움을 느낄 줄 아는 것

이것이 진정한 성공이다.

정의로운 세상을 희망하는 것

김지성, 박성준, 배현진(15세)

길 잃은 아이의 길을 찾아 주는 것

불의에 침묵하지 않는 것

세상의 문제를 나의 문제라고 생각하는 것

사회를 변화시키기 위한 삶을 살고

이를 위하여 공부할 수 있는 것

세계 평화를 위해 앞장설 수 있는 것

사람들이 평등한 세상에서 살 수 있도록 하는 것

가난 때문에 굶어 죽는 사람이 없도록 하는 것

전쟁이 일어날까 봐 잘 때도 마음을 졸이는 사람이 없도록
하는 것

간단히 치료할 수 있는 병으로 죽는 사람이 없도록 하는 것

지구 반대편의 사람들에게도

공감할 수 있는 것

이것이 진정한 성공이다.

박보정, 정선우(15세)

침묵하지 않는 것

방관하지 않는 것

내 옆에 고통받는 사람의 이야기를 듣고 공감해 주는 것

함께 싸우는 것을 두려워하지 않는 것

싸우기 위해 목소리를 내고 사회 참여에 한 발짝 다가서는 것

민주적인 토론에 참여하는 것

역사를 잊지 않고 스스로 새기며

새로운 역사를 만들고 기록하는 것

지금 사는 이 세상이 사막이라면

죽을 때는 이 세상이 숲이 되게 만드는 것

절망을 견뎌 내고 희망을 찾는 것

이것이 진정한 성공이다.

청소년, 통일 교육을 말하다

들어가는 말
평화와 공생을 위한 통일 교육

21세기는 지난 20세기의 참혹한 전쟁의 상처를 딛고 일어선 평화의 세기라고 불리지만, 여전히 세계 곳곳은 전쟁 중이거나 전쟁의 위기를 겪고 있습니다. 그중 가장 심각한 위험에 처해 있는 곳 중 하나가 바로 이스라엘과 팔레스타인이 대립 중인 중동 지역으로, 이곳은 우리와 유사한 점이 많습니다. 남한과 북한에 각각 정부가 수립된 해인 1948년에 팔레스타인과의 전쟁을 통해 건국된 나라가 이스라엘입니다. 이스라엘-팔레스타인 전쟁은 한국 전쟁과 마찬가지로 제2차 세계 대전의 영향을 받았습니다. 또한 이스라엘이 팔레스타인 국경선에 세운 장벽은 남한과 북한 사이에 놓인 철조망을 연상시키지요. 차이가 있다면 한반도는 오늘날 평화의 분위기가 감돌고 있지만, 이곳은 여전히 전쟁의 포화가 끝나지 않는다는 점입니다.

이렇게 이스라엘과 팔레스타인이 정치적으로 첨예한 대립을 이어 가는 중에도 평화와 공생을 꿈꾸며 용기 있는 행보를 하는 이들이 있습니다. 이스라엘 출신의 유대인인 세계적인 지휘자 다니엘 바렌보임과 팔레스타인 출신의 실천적 지식인 에드워드 사이드입니다. 둘은 깊은 우정을 나누며, 이스라엘과 팔레스타인을 비롯한 중동 지역의 청소년들로 구성된 〈서동시집 오케스트라〉를 기획했습니다. 독일의 문호 괴테가 동양 문학에 영감을 받아 쓴 『서동시집 *West-Eastern Divan*』(1818)에서 이름을 따온 이 오케스트라는, 정치적으로 서로를 가로지르는 경계를 허물고 새로운 평화의 시대를 여는 예술적 시도였습니다. 처음에 오케스트라에 참여한 이들 사이에는 서로에 대한 적대적 긴장감이 가득했지만, 음악이라는 예술을 통해서 각자가 갖고 있는 국가적 정체성을 뛰어넘어 서로가 하나 되는 경험을 합니다. 이 작업을 통해 많은 이가 평화와 공생을 가슴에 품습니다.

이후 서동시집 오케스트라는 〈평화의 오케스트라〉로 불리며 유럽 전역에서 공연을 열고, 나아가 이스라엘과 팔레스타인에서도 공연하게 됩니다. 거대한 장벽으로 가로막힌 듯한 세계였지만, 아름다운 꿈을 품은 이들은 예술을 통해 경계를 넘나들며 평화의 메시지를 전달한 것입니다. 진정한 의미에서 평화는 이렇게 자신을 규정짓는 국가 정체성의 경계를 넘어 서로가 다르지 않은 보편적인 인간임을 경험하는 것부터 시작합니다. 휴전선 철조망에 의해 둘로 나뉜 채 여전히 서로에게 총구를 겨누는 한반도에도 이러한 시도가 가능하지 않을까 상상해 봅니다.

우리 문제를 풀어 가기 위해서는 가슴 아프지만 우리 역사를 조금 더 되짚어 볼 필요가 있습니다. 오늘날 한반도의 분단은 지정학적으로 일본과 중국, 미국과 소련이라는 세계 최고의 열강들에 둘러싸인 것과 밀접한 연관이 있습니다. 한반도는 일본 제국주의 침략의 발판이 되었으며, 이후 벌어진 세계 대전과 미국과 소련의 충돌이 분단을 초래했습니다. 우리가 자력으로 일제 강점기에서 분단에 이르는 모든 비극을 막아 낼 수 없었던 것은 사실입니다. 그렇더라도 우리 민족이 할 수 있는 일이 전혀 없었던 것은 아닙니다. 세계 대전 이후에 한반도의 미래를 결정지은 모스크바 3상회의에서 국제 사회는 오랫동안 식민 지배를 받은 한반도가 자력으로 통치할 역량이 부족하다고 판단했고, 5년간 신탁통치 후 총선거를 통해 한반도를 대표할 정치 세력에게 정권을 위임한다고 결정했습니다. 눈여겨볼 지점은 바

팔레스타인

이스라엘

로 여기에 한반도를 분단한다는 내용은 없었다는 것입니다. 그렇다면 우리는 왜 분단된 것일까요?

당시에 북한 땅에는 소련이, 남한 땅에는 미국이 들어와 있었지만, 일정 기간 이후 한반도의 시민들에게 권력을 이양하는 것이 공동의 목표였습니다. 다시 말하자면 당시 한반도에 존재하던 여러 정치 세력들이 함께 힘을 모아서 서로의 다름을 포용하고, 함께 한반도의 미래를 상상하고 꿈꾸며 미래를 준비했더라면 우리는 분단을 막을 수 있었을지도 모릅니다. 하지만 우리는 그럴 정치적 역량을 갖추지 못했고, 결국 서로의 이해관계에 따라 대립에 대립을 거듭하던 끝에 남과 북에 각기 다른 정권이 들어서게 된 것입니다. 외세의 영향이 컸지만, 분단의 실질적인 시작은 바로 우리 내면에서 시작되었습니다. 그러므로 휴전선이 상징하는 외부로 드러난 분단의 경계를 허무는 일은 이 땅에 살고 있는 우리 개개인의 내면에서 경계를 허무는 일부터 시작해야 합니다. 내면의 경계를 허물지 못한 채, 강제로 외부의 경계를 무너뜨리려고 하면서 발발한 것이 바로 한국전쟁입니다. 전쟁은 내적·외적 상처만 더욱 크게 만들었을 뿐, 이 땅에서 더 나은 미래를 열어 갈 해법이 될 수 없었습니다. 전쟁 이후, 우리는 서로를 증오하며 상대방을 헐뜯고 괴물화하기에 급급했습니다. 그 세월의 결과, 우리 내면에 각기 다른 국가적 정체성의 장벽은 더욱더 높고 공고해졌고, 서로를 적으로 여기게 된 것입니다.

서로 다른 생각의 사람들이 하나의 공동체를 이루어 살아갈 수 있는 역량을 키우는 일은 교육에 달려 있습니다. 교육의 본질적인 의미는 진정한 의미의 인간이 되는 과정이며, 사회 구성원이 인간답게 살아갈 수 있도록 인도하는 것입니다. 그러므로 한 사회에서 가장 중요한 과제는 교육이며, 교육의 모습을 보면 그 사회의 현재와 미래를 예견할 수 있습니다.

그런데 지금 우리 교육의 모습은 어떠한가요? 지금 남한의 교육은 아이가 태어나는 순간부터 대학과 취업에 맞춘 입시·취업 경쟁에 돌입하도록 설계되어 전쟁터를 방불케 합니다. 어린 시절부터 끝없는 경쟁 속에 몰아넣고 옆에 있는 친구를 반드시 이기라고 요구합니다. 조금이라도 그런 궤도에서 벗어나면 정상적이지 않은 사람으로 취급합니다. 자신의 고유한 가치와 재능을 발견하고 이를 아름답게 꽃피울 수 있도록 격려하기보다는 이미 잘 닦인 길에 나를 잘 끼워 맞추고 다른 사람보다 더 뛰어날 것을 강요받고 있습니다. 이런 분위기 속에서는 당연히 무엇이 올바르고,

2장 청소년, 통일 교육을 말하다

진정으로 가치 있는 것인지에 대한 윤리와 가치 교육이 외면당합니다. 나아가 공동체 차원에서 서로 다른 구성원의 가치를 이해·존중·배려하고, 더 나은 세상을 위해 정의로운 목소리를 낼 수 있는 역량을 키우는 시민 교육은 불가능합니다. 우리 교육에 근본적인 변화가 없다면, 우리 사회는 점차 인간다운 삶을 누리기 어려운 곳이 될 것입니다. 또한 진정한 의미에서의 통일과 평화를 말하는 일은 더욱 힘들어질 것입니다.

하지만 국가가 설계한 교육 제도에 문제가 있다고 해도 그 속에서 변화와 희망의 불씨를 살리며 정의로운 질문을 던지는 시민들과 청소년들이 우리 사회 곳곳에 있습니다. 이들은 교육의 본질적인 의미와 역할을 물으며, 우리 사회에 필요한 인문 교육, 시민 교육, 평화 교육, 생태 교육, 예술 교육 그리고 이 모든 것을 포괄한 인간 교육을 진행하고 있습니다. 특히 청소년 시기는 아직 자신의 가치관과 정체성을 완전히 확립하지 않은 시기입니다. 그러므로 변화를 위해 담대한 꿈을 그려 보면 어떨까 제안합니다. 바로 남과 북의 청소년들이 만나 인문과 예술 교육을 바탕으로 서로의 생각을 나누고 공동의 미래를 꿈꾸는 자리를 마련하는 것입니다. 남한 청소년과 북한 청소년이라는 정체성의 장벽을 뛰어넘어 한반도에 살고 있는 청소년 대 청소년으로 만나서 우리의 미래를 꿈꿔 보는 것입니다. 각자가 고유한 세계 시민으로서 우리 땅과 전 세계의 평화와 공생을 위한 마음을 모아 보는 것입니다. 외부의 경계가 공고할지라도 이와 같은 만남과 소통을 통하여 내면의 장벽을 허물어 갈 수 있습니다. 이는 분명 이 땅의 평화의 주춧돌이 될 수 있을 뿐만 아니라 여전히 전쟁으로 고통받고 있는 이 세계에 평화의 메시지를 발신하는 일이 될 수 있습니다. 여러 이해관계 속에서도 자유로운 청소년들의 정의로운 목소리가 중심이 되어 울려 퍼질 때 우리는 더 나은 미래를 열어 갈 수 있을 것입니다. 생각만으로도 가슴이 설레는 이 꿈이 현실이 될 수 있기를 희망해 봅니다.

우리는 북한에 대해 얼마나 알고 있는가

박윤지(16세) 얼마 전 탈북 청년들이 직접 등장한 유튜브 영상을 보았어요. 한국에 와서 겪었던 어려움을 이야기하는 부분이 있었는데, 북한 사람에 대한 편견이 가장 힘들었다고 해요. 예를 들면, 머리를 만지며 〈뿔이 없네〉와 같은 태도 말이지요. 사람인데 뿔이 있을 리가 없는데, 그런 어처구니없는 오해를 진짜 하고 있다는 사실이 속상하고 상처였다고 합니다. 사실 뿔까지는 아니더라도 북한에 대한 오해가 굉장히 많을 거예요. 북한에 대해서 말할 때 경제적인 차이가 심하다고 들었기 때문에 난민이나 아프리카 사람들을 떠올리듯이 하는 것 같아요. 북한과 남한, 서로에 대해서 이해할 수 있는 시간이 필요합니다.

김나연(16세) 학교에서 북한 이해 교육을 받은 적이 있는데,

마트에서 쇼핑하는 모습들을 보고 남한과 너무 다를 게 없구나 싶어 새로웠어요.

백지헌(16세) 맞아요. 북한에서는 여가 생활을 제대로 즐기지 못할 것이라고 생각했는데, 4D 영화관도 있고 음식점도 다양하고, 우리처럼 워터파크도 있다는 걸 알게 되었어요. 우리가 북한을 너무 모른다는 사실을 깨달았어요.

이다인(14세) 학교에서는 통일 교육을 할 때 무조건 통일의 긍정적 방향에 대해서만 가르쳐요. 통일 교육은 정말 많이 하지만 다 아는 내용을 반복해요. 그렇게 지겨운 수업이 진행돼요. 다양한 생각을 고민하게 하고, 그러고 나서 긍정적인 방향으로 이끌어 주는 방식이었으면 해요.

김희찬(14세) 항상 북한의 뉴스를 보면 김일성·김정일의 동상이나 사진 액자가 걸려 있는 게 이해가 안 갔는데 북한에 관한 책을 읽고 〈영웅 만들기〉라는 공산주의 정책이었다는 것을 알게 되었어요. 더 많은 생산성과 동기 부여를 위해 영웅을 만들다 보니 역대 주석들이 신격화되었다는 걸 알게 되었어요. 저는 김일성·김정일이 그저 왕처럼 독재하고 싶어서 그런 줄 알았는데, 사람들에게 동기를 부여하기 위해서 그런 거였다는 것을 알고 북한 사람들의 행동이 좀 이해가 되었어요. 사실 우리도 똑같이 영웅 만들기를 하잖아요? 그게 사람이 아니라 〈성적〉이거나 진학하는 〈학교 이름〉이긴 하지만요.

김송민(14세) 학교에서 통일에 대해 배우긴 했지만 피부에 와닿게 배운 적은 없어요. 통일을 해야 한다고 외치기만 하는 것이 아니라 청소년에게 북한에도 사람이 살고 있고, 그들 역시 우리와 소통할 수 있는 존재라는 것을 알게 해야 해요. 그런 식으로 통일을 왜 해야 하는지를 가르쳐야 한다고 생각해요. 〈통일을 꼭 해야 해〉라고 말하며 그것을 억지로 주입하는 게 아니라, 통일에 대해 스스로 생각하고 서로 토론할 기회를 마련해야 할 것 같아요.

통일 교육의 현주소

김형민(16세) 학교에서 하는 통일 교육은 그렇게 큰 영향력이 없는 것 같아요. 외부에서 온 강사가 방송실에서 강의하고 그 모습을 각 교실에 영상으로 틀어 주니, 자료 화면과 목소리만 나오고 얼굴도 보이지 않거든요. 그러니 집중이 잘 될 리가 없죠. 이 시간을 학생들은 그저 쉬는 시간이라고 생각해요. 한 번에 강의를 들을 수 있는 학생 수가 좀 적더라도, 직접 얼굴을 보고 더 깊게 이야기를 나눌 수 있으면 좋겠어요.

소준하(17세) 우리 학교에서는 탈북자 분들이 직접 오셔서 북한에 대해 소개해 주셨어요. 그들 또한 우리와 같이 기쁨과 슬픔을 느끼고, 사랑하며, 인간다운 삶을 살기를 원하셨죠. 저희와 똑같은 삶을 살고 있더라고요. 제가 탈북자 분

께 남한에 와서 힘든 점은 없었는지 질문했는데 눈물을 흘리셨어요. 이 질문을 한 번도 받아 본 적이 없고, 그 말이 위로처럼 들린다면서요. 그분을 보고 우리는 북한 사람들을 이해하려는 마음이 있는지, 그들에게 위로 한마디를 건네고 있는지 그런 생각이 들더라고요. 일단 통일을 하려면 가장 가까이에서 만날 수 있는 탈북자 분들에 대해 먼저 이해하고 얘기해 봐야 한다고 생각해요.

이준민(16세) 저는 좀 경우가 달라요. 학교에 탈북자들이 왔는데, 왜 탈북을 했고 남한에 와서는 어떻게 지내고 있는지 말하면서 전부 남한이 좋다는 말로 귀결되었어요. 남한의 좋은 부분들만 말씀하시니, 결국은 통일을 할 필요가 없다는 생각이 들더라고요. 탈북자와 직접 만나 수업을 하면 내가 잘 몰랐던 북한을 알게 될 수는 있겠지만, 통일의 필요성을 느끼기는 어려울 것 같아요. 북한을 알려 주는 것만으로는 통일에 대해 열망을 가지긴 어려워요.

김경민(17세) 맞아요. 〈남한은 선이고 북한은 악이다〉라고 전제해 놓고 말을 하면 통일의 논의가 이어지지 않아요. 통일을 〈해야 한다〉라는 것을 전제해 놓고 말하는 것도 마찬가지예요. 이미 결론을 지어 놓고 말하면 그 취지가 어떻든 주입식밖에 되지 않기 때문에, 저는 진짜 마음이 생기지 않는다고 생각해요. 어떻게 하면 좀 더 자유롭게 통일을 얘기할 수 있을까요?

박윤지(16세) 지난 70년간 한반도는 많은 발전을 거듭해 왔습니다. 경제도 성장할 만큼 성장하여 삶을 유지하는 데는 지장이 없을 뿐만 아니라 복지 경제까지 누리며 살고 있습니다. 세계 무대에서도 많은 활동을 하여 남북을 알리고 영향력을 넓혀 가고 있습니다.

하지만 우리에겐 아직도 해결해야 할 문제들이 많습니다. 남녀 차별이 여전하고 빈부 격차가 심해지는 등 수많은 문제가 있는데요, 통일 문제도 그중 하나입니다. 2019년 6월 30일, 북한과 미국, 그리고 남한의 정상이 한자리에 모이는 역사적인 만남이 성사되었고, 평화 통일에 대한 희망의 불씨가 피어나는 것 같습니다. 하지만 통일이 한순간에 이루어지는 일은 아니기 때문에, 성공적인 통일을 위해서는 준비를 해야 한다고 생각합니다.

첫 번째는 교육이 아닐까 합니다. 먼저 서로에 대한 이해를 기반으로 한 교육이 필요합니다. 언어도 소통은 되겠지만 이해를 위해서는 더 알아야 합니다. 사회사상도, 문화도, 체제도 다르니 마찬가지로 서로에 대해 배워야 하겠고요. 그래서 남한과 북한의 아이들에게 이러한 차이를 이해할 수 있도록 돕는 교육이 필요하다고 생각합니다.

특히 서로의 장점에 대한 교육이 필요합니다. 예를 들어 북한은 탁아소 설치에 관한 보건국 명령 제5호에 따라 모든 아이를 탁아소에 맡겨 일하는 여성들의 부담을 덜어 준다고 합니다. 물론 집단 교육이라는 공산주의 체제에 적합한 방법이기도 하겠지만, 현재 우리나라에서 맞벌이 부부의 육아 문제나 유치원부터 시작되는 입학 전쟁을 떠올려 본다면 북한의 탁아소 정책을 차용하여 이 문제를 해결할 수 있지 않을까요? 서로의 단점을 보완하거나 수정할 수 있는 장점들을 남북한 서로가 배울 필요가 있습니다.

김세영(18세) 흡수 통일을 하거나 전쟁으로 통일을 하는 것이 불가하다는 사실은 모두가 알고 있습니다. 그러니 어느 한쪽을 따르라는 식으로 강요하는 게 아니라, 남과 북이 서로의 좋은 시스템들은 가져와서 융합하는 게 중요하다고 생각해요. 그러기 위해서는 어떤 사회를 만들고 싶은지에 대한 비전이 필요하겠지요. 우리에게는 어떤 비전이 필요할까요?

저는 가장 먼저 입시 제도에 대해서 생각했어요. 북한도 우리나라처럼 대입 시험을 본다고 합니다. 우리처럼 입시 경쟁이 심한지, 학원이 있는지 정말 궁금해요. 미래의 통일된 한반도에서는 그런 교육은 안 했으면 좋겠어요. 우리 남한은 자유를 중시하는 반면 불평등 문제는 미처 고려하지 못했어요. 취업을 못 한다거나 고시로 몰린다거나 하는 병폐를 서로 다른 체제가 만났을 때 새롭게 생각해 볼 수 있는 거지요.

북한 청소년들을 만나 보고 싶어요

박태현(14세) 저는 그런 교류를 위해서 북한의 제 또래 친구들을 만나 보고 싶어요. 북한의 청소년들은 어떻게 노는지, 어떤 대화를 하는지, 어떤 유행어를 사용하는지 알아 가고 같이 놀아 보고 싶어요.

이준민(16세) 저도 북한 청소년들이 사용하는 유행어는 무엇인지, 북한에서는 쉬는 시간을 어떻게 보내는지 너무 궁금해요. 쉬는 시간에도 우리가 흔히 보는 각 잠힌 모습으로 있는지, 그렇진 않을 거란 말이에요. 그들이 평소에 사용하는 〈욕〉도 궁금해요. 우리와 비슷한 일상을 가졌는지요.

김송민(14세) 요즘 사람들은 남과 북이 많이 다르다고 생각하는데, 저는 어차피 사람 사는 것인데 비슷하다 못해 똑같다고 생각해요. 제 생각이 진짜 맞는지, 그들과 우리가 똑같은지 다른지 직접 만나서 확인해 보고 싶어요.

하지만 분명 차이는 있겠지요. 그러니 서로에 대한 이해는 반드시 있어야 해요. 그런데 그걸 딱딱하게 이론으로 배우지 않으면 좋겠어요. 서로 놀면서 배우면 좋겠어요. 놀면서 역사에 대해서도 제대로 배우면 좋겠어요. 왜 우리가 분단되었는지, 그동안 어떤 어려움이 있었는지, 왜 통일을 못했는지도요.

북한의 청소년들과 남한의 청소년들이 직접 만나 얘기를 나누고 〈나와 다르지 않구나〉라고 느껴야 해요. 이후 남한과 북한을 오가며 서로의 문화를 소개하고 또 서로에게 배울 수도 있겠지요. 통일이 되려면 무엇이 필요한지 서로 얘기를 나누는 과정도 필요할 거예요. 누가 맞는지 저울질하는 것이 아니라 서로의 의견을 교류하는 것이 필요해요.

어른들이 청소년을 믿는 것이 필요해요. 청소년이 온전히 통일에 대해 결정할 수 있도록 말이죠.

김나연(16세) 북한 친구들을 만났을 때 뭐가 다른지에 초점을 맞추기보다는, 옆 학교 친구를 만난 것처럼 그들의 일상에 대해 묻고 싶어요. 그럼 선입견과 편견 없이 만날 수 있잖아요? 우리가 직접 전쟁을 경험한 것도 아니고, 우리가 스스로 이 분단을 선택한 것도 아니고요. 사실 청소년이 통일의 열쇠를 쥐고 있는 가장 중요한 주체인데, 우리에게 왜 그런 기회가 없는지 조금 답답하기도 해요.

정찬호(14세) 저는 북한 친구들을 만나는 게 두려워요. 다른 환경에 있었던 그들을 만나는 것이 어색할 것 같고, 서로에 대해 어떤지 잘 알지 못하기 때문에 불편할 것 같아요.

방민서(14세) 저 또한 북한 청소년들을 만나기 두려워요. 북한 사람들에 대해 〈빨갱이〉라 부르고 북한 사람들은 나쁘다는 말을 들어 왔잖아요. 그들도 남한 사람들에 대해 나쁜 말을 들어 왔을 거라고 생각해요. 그래서 급작스럽게 만나면 싸움이 날 것 같아요.

문진서(16세) 서로를 잘 알지 못한다는 것을 인정한 상태에서 대화해야 할 거예요. 정말 하지 말아야 하는 말이 무엇인지, 꼭 해야 하는 말이 무엇인지 서로를 배려하며 준비하지 않았을 때 갈등과 충돌이 생길 것 같아요. 우리가 어떻게 북한 사람들을 대할 것인가, 이런 태도와 자세부터 먼저 생각하고 가르쳐야 하는데, 우리의 교육 과정은 그렇게 이루어지지 못하고 있어요.

이준민(16세) 남북정상회담이 열릴 때, 북한 옥류관의 평양냉면이 엄청 주목받았잖아요. 남한에 있는 평양냉면집에 갑자기 사람들이 몰려가기도 했고요. 평양냉면을 먹는다고 북한에 대해 온전히 이해하게 되는 것은 아니지만 호기심을 품게 하는 데 좋은 매개체가 될 수 있다고 생각해요. 바렌보임이 이스라엘과 팔레스타인의 화합을 위해 〈서동시집 오케스트라〉를 진행하면서 그 프로젝트가 평화를 갑자기 가능하게 하는 것이 아니라 호기심과 용기를 가지도록 한다고 말했어요. 사실 우리의 통일 교육은 정보 전달이 아니라 서로를 궁금해하고 알고 싶은 마음이 들게 하는 교육이어야 한다고 생각해요.

보이지 않는 이익과 눈앞의 고통

박윤지(16세) 사실 지금 학교 수업에서 통일을 해야 하는 이유에 대해서 논할 때, 유라시아 횡단 열차와 같은 국경의 확장, 영토의 확장, 인구의 증대, 자원의 확보 등 경제적인 것에 대해서만 말해요. 사실 청소년인 우리는 그런 것에 별로 관심이 없어요. 지금도 충분히 경제적으로는 잘살고 있고, 비행기만 타면 어디든 갈 수 있는데, 굳이 왜 횡단 열차를 꿈꾸고 북한의 지하자원을 바라야 하나요? 그러니 통일이 전혀 원하지 않는 것이 되어 버렸고, 북한은 여전히 적대 관계에 놓인 나라일 뿐이에요. 경제적인 차원으로만 접근하니까 많은 청소년이 그저 북한에는 쌀 나눔을 해줘야 한다고 생각하고, 〈통일 하면 우리만 손해 아닌가?〉라고 생각하는 거죠.

박태현(14세) 맞아요. 우리에게 진짜 필요한 건 전쟁을 종료한다는 것은 어떤 의미일까, 함께 잘 산다는 것은 어떤 것일까, 다름을 이해하려면 어떤 노력이 필요할까 등을 고민하는 것이에요. 그런 교육이 이루어지지 않는 통일 교육은 껍데기뿐인 것이 아닐까 생각해 봐야 해요.

방민서(14세) 통일을 하면 좋은 점에 광물이나 관광 자원처럼 돈이 되는 것들에 대해서만 나열을 하는데, 여기에 청소년들은 딱히 흥미를 느끼지 못해요. 오히려 전쟁이나 분단으로 고통받는 사람들을 이야기하면 더 와닿죠. 지금 접경지역에 있는 군인들이나, 다치거나 목숨을 잃은 군인들의 유가족에 대해 얘기하는 것도 필요한 일이에요.

아마티아 센이라는 경제학자가 무엇이 이상적으로 좋은 세상인지를 고민하기보다 지금 내 앞에 있는 불의를 없애고 고통받는 사람들에게 집중하라고 말했다는 것을 들은 적이 있어요. 지금 당장 만들 수 없는 이상적인 세계를 꿈꾸기보다, 지금 내 눈앞의 고통을 없애는 것이 오히려 정의로운 것이라고요.

이다인(14세) 그런 지점에서 이산가족의 아픔은 정말 우리가 중요하게 생각해야 하는 문제예요. 제가 만약 제 가족을 두 번 다시 보지 못한다면 너무 슬프고 화가 날 거예요. 희망을 잃지 않고 하염없이 계속 기다리는 할머니나 할아버지들이 너무 대단하고 그분들의 마음이 참 안타까워요. 대체 왜 가족들을 만나게 하지 않는 걸까요? 무엇이 무서워서요?

김송민(14세) 이산가족 상봉하는 장면을 보면서 〈내가 저 사람이었으면 어땠을까〉 생각하니 더 슬퍼졌어요. 만나서 정해진 장소에서 밥만 먹고 얘기만 나눠야 하고, 함께 고향에 가본다거나 서로의 집에 가보지도 못하는 거잖아요. 그곳에 머물다 헤어져서 이제 다시는 못 본다는 게 정말 말도 안 되는 일 같아요.

남북 이산가족이 서로 자유롭게 만나게 되면 각자 체제가 무너질 수도 있다는 불안함이 있는 것 같아요. 그런데 사상이라는 건 말 그대로 생각이잖아요, 그게 절대적인 것도 아니고, 생각을 좀 바꾸고 서로 타협하면 잘 풀릴 수 있는데, 어느 누군가의 이익을 포기해야 하는 상황 때문에 그러지 못하는 거죠. 그런데 이산가족이 겪는 아픔, 수많은 군인이 겪어야 하는 고통보다 그 이익이 더 중요한 것일까요? 생각해 볼 문제입니다.

변종윤(16세) 남북한이 분단될 당시, 각자 단독 정부를 만들기 위해 성급하게 정부를 성립하고, 이후 소수 기득권층의 이익을 위해 많은 것이 결정되었어요. 이로 인해 너무 많은 사람이 고통받았고 지금도 그렇다는 사실에 화를 내야 한다고 생각해요. 그런데 우리는 화를 내기보다는 슬퍼하기만 하는 것 같아요. 정당한 분노는 변화를 가능하게 해요. 우리가 당장은 좀 불편하겠지만, 고통을 없애기 위해 감수해야 하는 것들에는 무엇이 있을까요?

김주하(14세) 약간의 시간이요. 조금 시간이 걸리더라도 괜찮다는 그런 용기가 필요해요.

이다인(14세) 돈이요. 사실 많은 사람이 통일에 반대하는 이유가 통일을 하면 북한에 원조해 줘야 하고 이 과정에서 돈이 많이 들기 때문이라고 말해요. 사실 통일 비용이 실제로 통일을 하지 않았을 때보다 큰지 작은지 정확히 알기 어려운 것도 있어요. 하지만 설령 돈이 좀 들더라도 고통을 없앨 수 있다면, 그 정도는 포기할 수 있어야 한다고 생각해요.

정찬호(14세) DMZ는 어떻게 해야 할지도 생각해야 해요. DMZ는 남북이 분단하면서 사람의 손길이 닿지 않아 자연이 잘 보존되어 있는데, 만약 통일이 되면 이 구역을 어떻게 할 것인지도 고민해야 해요. 서로를 가로지르는 통로를 만들려면 DMZ의 일부분을 무조건 침해해야 할 텐데, 다리를 놓는다든가, 최소한의 도로를 만든다든가, 좀 불편하고 힘들더라도 DMZ를 보존할 수 있는 방법을 생각해 내야 해요.

박태현(14세) 저는 불편함을 감수하는 것이 필요하다고 생각해요. 불편하겠죠. 70년 넘게 다른 방식으로 살아온 두 나라가 만나는 일인데, 분명히 불편할 거예요. 하지만 〈불편하더라도 감수할 수 있어〉, 그렇게 좀 멋지게 생각하면 좋겠어요. 지금 좀 불편하더라도, 우리가 더 멋진 사회를 만들 수 있다는 생각이 우리의 삶을 더 가치 있게 하는 것 아닌가요?

문제도, 해결 방법도 우리 안에 있다

김경민(17세) 통일에 회의적인 생각을 품게 된 이유는 70년 동안 〈남〉으로 생각해 왔기 때문이에요. 한국에서는 남의 일에 참견하면 나에게 피해가 온다고 생각해요. 그래서 다른 사람에게 관심을 끄고 오직 나의 이익만 생각하죠. 학교의 같은 반 친구에게도 별로 관심이 없는데, 북한이라니 오죽하겠어요. 북한의 어려움이나 문제점에 대해서도 인식을 하고는 있지만 〈남〉이니까 내가 먼저 나서거나 하지 않는 거죠.

결국, 이 문제는 단순히 북한에 대한 게 아니에요. 우리는 다른 사람을 배려하고 다른 사람과 함께 사는 법을 점점 잊어 가고 있어요. 나의 것을 너에게 내어 주는 일이 힘든 일이 되어 버렸죠. 그러니 북한에 지원하면 내 것을 빼앗기는 느낌이 드는 거예요. 타인에게 관심이 없고 타인의 아픔에 공감하지 못하는 사회를 바꿔야 해요.

박윤지(16세)「폴란드로 간 아이들」이라는 영화가 있어요. 영화배우이기도 한 추상미 감독의 다큐멘터리인데, 한국 전쟁 당시 전쟁고아들의 삶을 따라 떠나는 이야기입니다. 영화는 전반적으로 북한의 고아들을 너무나 따뜻하게 품어 주고 보살펴 주었던 폴란드의 교사들이 왜 아무 연고도 없는 아이들에게 친절히 대했을까 그 답을 찾아 가는 과정입니다. 감독은 그들이 바로 상처 입은 사람들이기 때문이라는 결론을 내려요. 폴란드 교사들은 대부분 제2차 세계 대전 당시 유대인 학살을 경험했던 아이들이었고, 전쟁의 아픔과 고통을 경험했던 사람들이었어요. 그 고통을 똑같이 겪고 있는 북한의 아이들을 구해 내고 싶은 마음을 품게 되었다는 거죠.

우리도 경쟁과 차별과 불평등에 상처 입은 사람들이에요. 이제 더 이상 이런 적대관계에 놓이고 싶지 않은 마음이 필요해요. 나도 당했으니 너도 당해야 한다는 마음이 아니라, 내가 당해 봤으니 그 아픔을 내가 정말 절실하게 이해한다, 그러니 우리 같이 이 어려움을 극복해 나가자, 그런 마음이요.

임혜령(14세) 그런 마음을 만들 수 있는 단계가 필요한 것 같아요. 저는 〈남과 북, 서로 가까워지기 프로젝트〉에 대해 생각해 봤어요. 일단은, 남북의 역사에 대해 알아야 해요. 어떤 사건이 우리에게 어떤 영향을 끼쳤고, 어떤 비극을 일으켰는지 역사적 배경에 대해 배워야 한다고 생각해요. 두 번째로는 왜 우리는 서로를 미워하고 싫어하는지 이유를 적어 봐야 해요. 사실 우리는 이유도 잘 알지 못한 채 서로를 미워하는 경우가 너무나도 많거든요. 이유를 나열하다 보면 〈내가 왜 이 사람들을 싫어했지?〉라고 생각하게 될 수도 있을 거예요. 세 번째, 어떻게 서로를 다시 사랑할 수 있을지에 대해 적어 봐야 합니다.

이수겸(17세) 저는 서로의 장벽을 뛰어넘는 힘이 예술에 있다고 믿습니다. 데이비드 보위라는 가수의 「히어로즈」라는 노래는 베를린 장벽을 무너뜨리는 데 큰 원동력이 되었다고 해요. 바렌보임의 서동시집 오케스트라도 마찬가지로 음악을 통해 공감을 이끌어내 서로의 장벽을 허물려는 노력이잖아요. 우리도 음악, 무용, 연극, 시, 이런 예술로 서로에 대한 미움을 걷어 내고 하나의 마음을 공유할 수 있을 거예요.

박동주(17세) 남북한 관계의 문제는 지금 남한 안에도, 우리의 일상 속에도 있습니다. 그것은 문제의 뿌리가 같기 때문이라고 생각합니다. 우리는 인간적인 삶에서 너무 멀어진 삶을 살고 있어요. 무엇이 인간적인 것인지, 무엇이 정말 중요한 가치인지 고민하지 않죠. 그러니 남한에서도 고립되어 외로워하는 사람들이 많아지고, 스스로 목숨을 끊거나 자신의 목숨을 안전하게 영위할 수 없는 사람들이 늘어나고 있어요. 우리는 위험한 사회에 살고 있습니다. 이런 상황에서 어떻게 통일을 꿈꾸겠어요?

그러니 통일을 말하려면 인간에 대해 먼저 알아야 한다고 생각해요. 내가 한 말에 다른 사람이 상처받지 않을지 먼저 배려하고 생각하는 것, 내가 좋아서 한 일이 다른 사람에게도 좋은 일일지 고민하는 것, 내가 누리고 있는 것이 정당하고 마땅한지 살피는 것, 그런 시도들이 중요하다고 생각해요. 우리 안의 자유와 평화가 가능할 때, 북한과의 관계도 마찬가지로 달라질 것이라고 생각합니다.

대통령님께 보내는 편지
일상의 평화를 만들어 주세요!

2018년 4월 27일, 남북 정상이 만났습니다. 서로를 향해서 총을 겨누고 언제 터질지 모르는 긴장감으로 살아온 지난 세월이 거짓말처럼 느껴질 만큼, 참 극적이면서도 눈물이 나는 그 장면을 여러분도 기억하실 겁니다. 함께 악수하고 남북경계선을 건너고, 한라산과 백두산의 흙을 모아 대동강과 한강 물로 소나무를 심는 모습은 정말 꿈같은 일이었습니다. 그리고 4·27 판문점 선언을 통해 이제 더 이상 한반도에 전쟁은 없다는 이야기를 들었을 때, 우리 안에 내재한 공포가 모두 사라지는 것 같은 기분이었지요. 70년이 넘는 시간 동안 갈라져서 서로에게 총구를 겨누었던 역사의 아픔을 기억하고 있는 우리 민족이 평화롭고 새로운 미래를 희망할 수 있었던 순간이었습니다. 상대를 적으로, 악마로 여기며 폭력을 휘둘러 온 것을 멈추고, 반갑게 손을 맞

잡고 평화를 이야기할 수 있게 되었다는 뭉클함을 느꼈습니다.

하지만 동시에 현실적인 고민도 생겼습니다. 〈한반도에 더 이상의 전쟁은 없다〉라고 말하게 된 이 시대에, 우리는 어떤 내일을 만들어 가야 할까요? 정말 통일이 된다면, 그날을 위해 우리는 무엇을 준비해야 할까요? 이렇게 남북 통일을 맞이해도 되는 걸까요?

한반도의 평화는 단순히 남한과 북한이 전쟁을 끝낸다는 것에만 의의가 있지 않습니다. 거시적으로 한반도의 분단과 전쟁은 제2차 세계 대전과 이후 이어진 냉전에서 비롯한 것입니다. 한반도는 바로 그러한 세계사적인 고통과 상처를 감당하면서 그 시간을 견뎌 왔습니다. 따라서 한반도의 평화는 세계인에게 거대한 전쟁의 끝을 알리고, 평화의 메시지를 발신하는 의미가 있습니다. 여전히 전쟁과 테러, 적대와 반목 속에서 살아가고 있는 분쟁 지역의 주민이나 이념 대립으로 갈등을 겪고 있는 국가의 국민들에게 평화가 가능하다는 희망을 심어 줄 수 있기 때문입니다.

한편 한반도의 평화는 한반도에 거주하고 있는 시민들의 일상 속에 스며들어 있는 전쟁과 폭력의 흔적을 지우고, 새로운 내일을 만들어 갈 수 있는 희망이라는 점에서도 의의가 있습니다. 분단이라는 이념적 대립 상황에서 우리는 자유롭게 생각하고 상상할 권리, 더 나은 세상을 꿈꿀 권리를 폭력에 의해 억압당해 왔습니다. 더 나아가 그렇게 체제를 유지하기 위해 만들어진 군대는, 군대 그 자체에서만이 아니라 우리 사회 곳곳에 수직적, 서열화된 관계를 만들고 사람들을 훈육하는 데 영향을 미쳐 왔습니다. 여기에 자본주의의 무한 경쟁식 질서가 만나 한국 사회에 〈갑질〉을 가능하게 했습니다. 나와 생각이 다른 사람을 적으로 여기는 문화는 일상 속에서 약자에 대한 혐오와 차별을 정당화하는 기제가 되었습니다.

우리는 이런 폭력을 넘어서서 평화의 나라로 나아갈 수 있을까요? 왜 한국에 폭력이 이토록 만연해졌을까요? 한국인에게 폭력은 뿌리깊이 내재해 있습니다. 작가 한강은 『뉴욕 타임스』 기고문에서 이렇게 말한 바 있습니다.

내가 연구 중 깨달은 것은 모든 전쟁과 대학살에서 인간이 다른 인간을 〈인간 이하〉로 인식했다는 점이었다. 그이유는 그들은 다른 국적, 인종, 종교, 이데올로기를 가졌기 때문이다. 다음과 같은 깨달음 또한 동시에 왔다. 인간이 인간을 지킬 수 있는 최후의 방어선은 이러한 모든 편견을 극복하고서 완전하고 진정한 시각에서 다른 사람들의 고통을 바라보는 것이다. 그리고 고통받는 타인에 대한 단순한 연민을 넘어서는 실질적이고 현실적인 의지와 행동이 우리에게 매순간 요구된다.

— 한강, 「미국이 전쟁을 말할 때 한국은 몸서리친다: 승리로 끝나는 전쟁 시나리오는 없다」, 『뉴욕 타임스』, 2017년 10월 7일

인간이 다른 인간을 〈인간 이하〉로 여기는 순간에 폭력은 발생합니다. 바로 그렇기 때문에 한반도의 통일은 인간이 인간답게 살 수 있도록, 각자가 지닌 존엄함을 잘 지키는 방향으로 나아가야 합니다. 그러기 위해선 통일도 중요하지만 당장 우리 사회 안의 약자를 잘 보살피고, 함께 더 나은 세상을 향해 나아가는 노력이 필요합니다.

일상에서 평화를 되찾지 못한다면, 우리는 또 다른 배제와 차별, 억압과 폭력의 역사를 만들어 가게 될 것입니다. 평화를 진심으로 원하고 누릴 줄 아는 세대와 시대가 필요합니다. 그런 시대를 만들어 가기 위해서 가장 필요한 것은 무엇보다 〈교육〉이겠지요.

그래서 대통령님께 편지를 띄웁니다. 비단 대통령님뿐 아니라, 지금 이 시대를 살아가는 여러분 모두에게, 그리고 우리 자신에게 띄우는 편지이기도 합니다. 이 땅의 청소년

들이 변화하는 이 시기를 더욱 의미 있고 더 찬란하게 맞이
할 수 있도록, 부디 이 목소리에 귀 기울여 주시고 여러분
도 자신의 소망을 담은 편지를 써보시기 바랍니다.

딸기 따는 방법을 알려 주세요

김보민(15세)

— 하느님,

　제가 오늘 학원 안 가고

　가지랑골 가서 딸기 따먹고

　놀았어요.

— 그래, 하고 싶은 말 있거들랑

　더 해봐라.

— 엄마 말 안 듣고 돌리빼기했으니

　죄 지은 거지요. 부디 용서해 주셔요.

　작년 여름 우리 선생님 따라

　시골 가서 뻐꾸기 소리 듣고 꾀꼬리 소리도 듣고

　딸기 따먹고 놀았지요.

그래 어제는 이웃 사는 방구 아저씨가
가지랑골 가면 딸기가 억수로 있다 하잖아요.
그 말 듣고 용식이랑 의논해서 갔어요.

— 그래 딸기 많이 있더냐?

— 있다뿐입니까. 얼마나 새빨갛게 잘 익었는지
불 같았어요. 딸기나무에 불이 붙은 것 같았어요.
또 얼마나 달고 맛이 있는지 한 움큼 따서 입에 넣고
또 한 움큼 따서 입에 넣고 또 따서 넣고,
그런데 그 맛있는 딸기를 아무도 따먹지 않아요.
하느님, 어제 학원 안 가고 돌리빼기한 것
용서해 주시는 거지요?

— 용서하다뿐인가. 내일도 가서 따 먹어라!

— 뭐라구요? 내일도 또 돌리빼기하라구요?
엄마 말 듣지 말라구요?

— 그래, 엄마 말이라고 무엇이나 다 들어야 하는 것

아니다. 잘못된 말은 안 들어도 된다.

—그럼 딸기 따먹고 노는 건 잘한 거네요!

—잘한 거다. 그렇게 산과 들에 가서
  열매도 따먹고 새 소리도 듣고,
  나무하고 벌레하고 친한 사이가 되는 것이
  진짜 공부를 하는 것이란다.

—새 소리 듣는 게 공부라고요? 딸기 따먹는 거,
  나무하고 풀하고 벌레들하고 같이 노는 거,
  그게 공부라고요?

—이 세상에 그만큼 좋은 공부가 없다.
  그런 공부를 해야 깨끗하고 바른 사람
  건강한 사람이 되지.
  나는 네가 오늘 그 산골에 가서
  몇 시간 공부한 것이 너무 반가워
  너에게 상을 주고 싶었단다.
      —이오덕, 「하느님과 이야기하기」 중에서

위 시는 교육자 이오덕 선생님의 「하느님과 이야기하기」라는 시입니다. 나중에 대통령님께 하고 싶은 말씀과 연관이 되는 것 같아서 인용했습니다. 2018년 4월 27일, 남북정상회담이 열렸지요. 학교에 있었던 터라 역사적인 순간을 직접 목격하진 못했지만 남과 북이 정상회담을 평화적으로 했다는 사실이 감격스러웠고, 한편으로 앞으로는 어떻게 되는 것인지 걱정도 되었습니다. 문재인 대통령님과 많은 장관님들, 정치인 분들이 평화를 위하여 노력하고 있는 것에 대하여 매우 감사하게 생각합니다.

저는 대한민국과 북한, 미국 등 다른 나라와의 평화도 매우 중요하다고 생각하지만, 또 다른 평화를 지켜 주실 것을 부탁드리려고 합니다. 국민들이 가정 내에서, 그리고 자기 자신의 평화를 위해 시간을 가질 수 있으면 좋겠습니다. 요즘 학생들은 평화를 잃은 터라 하루하루를 힘들게 버티고, 세계에 관심을 가지기는커녕 자기 몸도 잘 가누지 못할 지경입니다. 지금부터 무슨 얘기인지 하나하나 말씀드릴 테니, 미흡한 글일지라도 귀담아들어 주십시오.

몇 주 전 중간고사가 있었습니다. 그 중간고사 때문에 저희는 세계의 평화를 신경 쓸 틈 없이 가정의 평화가 와장창 깨지고 있답니다. 대통령님은 시험의 근본적인 목적이 무엇이라고 생각하시나요? 어른들이 말하길, 시험을 치는 이유는 스스로 성취도를 확인해 보고, 공부를 더 열심히 하며 자기를 가꾸어 나가기 위해서라고 합니다. 하지만 정말로 저희가 시험을 쳐서 그 목적을 달성할 수 있다고 생각하시나요? 우린 시험을 자기의 성적을 확인하기 위해서가 아니라, 남을 밟고 올라가기 위한 연습 수단으로 사용하고 있다고 생각합니다. 솔직히 저는 이번 시험을 잘 친 편이랍니다. 좋은 성적을 위하여 주중에도 힘들게 공부했습니다. 하루하루를 버텨 나갔습니다. 다행히도 결과는 좋았지만 시험 후 저는 더 큰 어려움을 겪었습니다. 그것은 바로 〈남들과의 비교〉였습니다. 시험 성적이 나오자 어머니들은 자기 자녀의 성적을 비교해 보았고, 저는 모든 친구들의 비교 대상이 되었습니다. 친구들과의 사이도 약간 틀어질 뻔했습니다. 분명 친했던 친구인데 그 아이의 어머니께서 저와 친구를 비교해 버리는 바람에 말이죠.

대통령님은 이게 정상적인 일이라고 생각하시나요? 교실에서는 반 아이들의 등수를 공개해서 다른 아이의 성적과 내 성적을 철저히 비교하지요. 앞에서 말씀드렸듯이, 시험의 목적은 자기 스스로가 전보다 얼마나 더 발전했는지, 자기 자신의 실력이 얼마나 되는지를 알기 위함이라고 생각합니다. 하지만 그 목적은 변질되어서 이제 자기 자신과의 비교가 아니라, 남과 비교하며 자신을 깎아내리는 데 사용됩니다.

존경하는 대통령님, 우리 학교에는 많은 학생이 있습니다. 한 반에 약 25명의 아이들, 한 학년에 약 170명의 학생들이 존재하죠. 하지만 과연 이들이 전부 1등이 될 수 있다고 생각하십니까? 내 옆의 친구가 시험을 잘 친다면 저는 한 단계 내려갈 수밖에 없는 상황입니다. 이러한 구조이다 보니 어느새 옆에 있던 아이를 친구가 아닌 경쟁자처럼 대하게 되고, 학교는 사랑도 정도 없는 삭막한 곳이 되는 것입니다.

그런데 더더욱 심각하다고 보는 점은 우리 청소년들은 이러한 스트레스를 풀 창구가 없다는 점입니다. 왜 그렇다고 생각하시나요? 어른들은 말합니다. 〈너희는 아주 풍족한 시대에 태어난 거야! 우리 때는 공부하기도 힘들었다고. 그러니까 감사하게 생각하고 열심히 공부해.〉 과연 이 말이 사실일까요? 전 아니라고 생각합니다. 우리는 옛날의 어른보다 부족한 점이 훨씬 더 많습니다. 비록 쓰는 물건이나 지내는 건물은 더 많아지고 좋아졌을지 몰라도, 저희에게는 편안하게 쉴 시간, 친구들과 놀 공간, 앞으로의 목표나 꿈, 힘들고 지친 나를 위로해 줄 방법이 증발한 상태입니다. 훨씬 더 중요한 것을 잃어버린 지금, 과연 저희의 삶이 풍족하고 행복하다고 말할 수 있을까요?

앞서 제가 인용한 시를 보시면, 하느님께서는 딸기를 따 먹고 논 아이에게 잘했다고 말했습니다. 학원 공부가 힘들어서 딸기를 딴 아이를 칭찬해 주었습니다. 요즘 어른들이라면 화를 내고, 꾸중을 하지 않았을까요? 아이는 단지 학원이 힘들어서 딸기를 따 먹으며 휴식을 취한 것뿐인데 말이죠. 요즘 우리 학생들은 힘들 때 딸기를 따는 법조차 모르고 있습니다. 그저 묵묵히 버티는 것이 어른스럽고 옳다고 알고 있기 때문입니다. 하루하루를 즐겁게 보내는 것이 아니라 힘겹게 버티는 것이죠. 저를 비롯한 많은 청소년들이 세계의 평화에 관심을 갖기는커녕 가정에서의 평화, 자기 내면의 평화조차 지켜 내지 못하고 있습니다. 부디 우리 학생들의 평화를 지켜 주시기를 다시 한번 부탁드립니다.

학원에서 벗어나 세계 평화를 꿈꾸고 싶습니다

전태화(15세)

평화는 언제, 어떻게 시작되는 것일까요? 고등학교 학생들의 야간 자율 학습은 공식적으로 보통 밤 10시까지입니다.

초등학생, 중학생은 야자 하지 않는다고요? 제 친구들 중에서 한 명은 일주일에 7일 모두 밤 10시까지 학원에 다니고, 그 뒤로도 밤 12시까지 학원에서 공부하고, 집에 오면 부모님 독촉에 시달려 새벽까지 공부합니다. 그 친구는 휴식 시간이 없고, 공휴일에도 이런 스케줄을 반복하며, 심지어 죽고 싶다는 생각까지 합니다. 저도 마찬가지입니다. 저는 다른 친구들보다는 양호하지만 오후 6~7시에 학원에서 돌아오면 학원과 학교에서 내준 숙제가 산더미처럼 쌓여 있고, 토요일에는 영재원, 일요일에도 학원 스케줄을 반복합니다. 그나마 저는 공휴일에는 잠이라도 잘 수 있습니다. 학원은 밤 10시까지이지만, 이런 스케줄 때문에 저희는 실질적으로 24시간 학원에서 지내는 꼴입니다.

대통령님, 대한민국이라는 나라에 살고 있는 청소년들이 남북정상회담이라는 것을 알기는 했겠지만, 그것을 볼 엄두를 내거나 볼 수 있었을까요? 제가 이런 역사적이고 평화로운 장면을 지켜보는 도중에도 제 귀에는 〈태화야 숙제 했니?〉라는 부모님의 말씀이 들려와 귀에 꽂혔습니다. 대한민국의 청소년들에게 평화에 대하여 생각해 볼 시간이 존재할까요? 학원에서 계속 암기 과제를 외우고, 문제를 풀다 잠시 시간이 나면 작은 화면에서 서로를 죽이는 게

임을 하며 서로에게 욕을 하면서 스트레스를 푸는 청소년들이 과연 통일이 된 나라에서 평화를 만들 수 있을까요?

모두가 행복하고 고귀한 삶을 사는 나라를 만들고 싶습니다

임찬우(15세)

한 기사에 따르면 모든 연령대에서 통일에 대해 기대감이 높아지고 있지만, 그 이유는 세대별로 차이가 있다고 합니다. 10대는 〈군 입대〉가 단연 가장 큰 관심사였습니다. 통일이 되면 군대에 가지 않아도 될지 모른다고 생각하기 때문입니다. 20~30대는 〈일자리〉가 키워드로 떠올랐다고 합니다. 통일이 되면 북한 지역에 투자가 늘고 시장이 확대되어 극심한 취업난이 해소되지 않을까 하고 기대하기 때문입니다. 마찬가지로 이들은 〈경제 성장〉에 대해서도 관심이 높다고 합니다. 지정학적으로 중국과 러시아와 이어져 있고 광물 자원과 인적 자원을 활용할 수 있다는 이유에서 그렇습니다. 그리고 40~50대는 다른 세대에 비해 〈부동산〉을 많이 꼽았습니다. 통일이 되면 북한 땅에 투자해 돈을 벌어 보겠다는 마음입니다. 남북정상회담 이후 경기도 파주의 땅값이 오르고 있다는 소식도 같은 맥락일 것입니다.

10대부터 40~50대까지를 살펴보면 10대를 제외하고 모든 연령대에서 통일에 대한 기대가 높아진 이유는 〈경제적 이익〉이었습니다. 이걸 보며 한편으로 걱정스러운 마음도 감출 수 없었습니다. 통일을 경제적 수단으로 보는 순간 우리는 중요한 본질을 놓칠 수도 있기 때문입니다. 이것이 정말 우리가 바라는 통일일까요? 통일이 된 우리나라의 모습은 어떠해야 할까요? 더 부유하고, 더 강한 나라를 만드는 것이 우리의 꿈이어야 할까요?

　　영국의 비평가이자 사회사상가 존 러스킨은 가장 부유한 국가에 대하여 이렇게 말합니다.

　　가장 부유한 국가는 최대 다수의 고귀하고 행복한 국민을 길러 내는 국가이고, 가장 부유한 이는 그의 안에 내재된 생명의 힘을 다하여 그가 소유한 내적, 외적 재산을 골고루 활용해서 이웃들의 생명에 유익한 영향을 최대한 널리 미치는 사람이다.

　　― 존 러스킨, 『나중에 온 이 사람에게도』 중에서

　　저는 국민의 생명에 유익하고, 더 고귀하고 행복한 나라를 꿈꿉니다. 여기서 행복하다는 것은 무엇일까요? 사람

마다 행복의 정의는 다르겠지만, 저는 행복을 가치를 창조하며 이에 기쁨을 느끼는 상태라고 말하고 싶습니다. 가치는 모두의 좋음과 연관된 것이겠지요. 행복한 국민이 늘어날 때 우리는 통일을 그저 경제적 이익으로만 보지 않을 것입니다. 개인의 이기주의를 넘어 더 큰 대의를 위해 나아갈 수 있을 것입니다. 행복한 국민은 평화를 완성하리라고 생각합니다. 우리는 경제적 이익을 앞세운 통일이 아니라 최대 다수가 고귀하고 행복한 나라, 아름다운 나라를 만들어가기 위한 통일을 해야 합니다. 북한 사람들에게도 바로 그와 같은 한반도의 비전을 제시하고 함께 갈 것을 제안해야 합니다. 새로운 세대는 바로 자신의 생명의 힘을 이용하여 지금 우리 곁의 사람들과, 새로이 이웃이 될 이들의 생명에 유익한 영향을 널리 미칠 수 있어야 할 것입니다.

사람답게 사는 길, 통일

들어가는 말
작고 위대한 목소리에 귀 기울이기

한국 전쟁이 발발한 때가 1950년 6월 25일이라는 것은 대부분 아는 사실입니다. 그런데 그 전쟁이 3년 동안 지속되면서 한반도 전역이 얼마나 아수라장이 되었는지 기억하는 사람도, 그 고통에 공감하는 사람도 그리 많지 않은 것 같습니다. 당시 한반도 전역은 포화로 뒤덮였으며 남북한 합쳐 500만 명이 넘는 사상자와 1000만 명이 넘는 이산가족을 낳았습니다. 잘못을 저지른 사람보다 죄 없는 사람들이 훨씬 더 많은 고통을 받았는데, 민간인들, 특히 아이들이 전쟁의 희생양이 되었습니다. 무려 10만 명이 넘는 전쟁고아가 발생했지요. 전쟁의 당사자인 남북한 정부는 모두 아이들을 책임질 능력이 없었고, 따라서 다른 방법을 찾아야 했습니다. 남한의 경우 국내에서 고아를 수용하는 시설이 포화 상태에 이르자 해외로 입양시키는 방법을 택했습

3장 사람답게 사는 길, 통일

니다. 한편 북한에서는 국내에서 고아를 모두 수용할 수 없게 되자 사회주의 형제 나라들에 아이들을 위탁하여 양육·교육합니다. 그렇게 소련과 중국을 비롯하여 동유럽의 폴란드, 루마니아, 헝가리, 동독, 체코슬로바키아, 불가리아에 수만 명에 이르는 북한의 고아들이 보내집니다. 1951년부터 1959년까지 폴란드에 6천여 명의 고아가 위탁되었는데, 이는 동유럽 국가 중 가장 많은 수가 보내진 것입니다.

추상미 감독의 영화 「폴란드로 간 아이들」은 바로 그 아이들의 흔적을 찾아 떠나는 다큐멘터리입니다. 영화는 지금은 숲이 되었지만, 이전에는 기차역이었던 폴란드 프와코비체 역의 흔적을 좇는 것에서부터 시작합니다. 약 67년 전 그 역에 북한이 보낸 1,270명의 전쟁고아들이 도착했고, 아이들 중에 일부는 폴란드의 중심가에 있는 양육 시설로 보내졌지만, 유독 몸이 약하고 건강 상태가 좋지 않았던 아이들은 세상과는 단절된 시골 프와코비체로 가게 되었습니다. 아이들은 정신적·육체적으로 심각한 위기를 겪고 있었습니다. 정신적으로는 전쟁의 트라우마에 시달리며 공포와 불안을 감추지 못했고, 밤에 잠을 잘 때도 침대 아래로 들어가 숨어 자곤 했습니다. 육체적으로는 백선과 말라리아, 여러 종류의 기생충 감염 등의 증세를 보였습니다.

수용 초기에는 쥐를 잡아먹거나 숲으로 가서 이끼나 고사리를 뜯어 먹기도 했다고 합니다. 머리에 이가 있어서 치료를 위해 모든 아이의 머리를 박박 밀어야 할 정도였지요.

그런 아이들을 헌신적으로 보살핀 것은 양육원의 폴란드인 교사들이었습니다. 이들은 아픈 아이들의 곁을 밤새도록 지키며 달래 주었습니다. 아이들을 치료했고, 좋은 음식과 위생적이고 안전한 환경 속에서 아이들이 지낼 수 있도록 도왔습니다. 함께 놀고, 또 아이들에게 필요한 것들을 가르쳤습니다. 아이들은 숲이 울창한 자연 속에서 편안한 시간을 보낼 수 있었고, 이웃의 폴란드 아이들과도 곧잘 어울렸습니다. 그렇게 아이들은 건강을 회복했고 웃음을 되찾았으며, 노래하고 춤추며 삶의 기쁨을 누렸습니다. 이곳의 교사들은 아이들에게 자기들을 아저씨나 아주머니, 원장이나 선생님이 아니라 〈엄마〉, 〈아빠〉로 부르도록 했는데, 그렇게 불린 교사는 정말로 아이들의 부모가 되었습니다.

그러나 즐거움의 시간은 길지 않았습니다. 1958년 이후 북한은 전쟁의 상흔에서 어느 정도 회복되기도 했지만, 무엇보다 중국과 소련을 비롯하여 동유럽 국가들과의 사회주의 연대가 약해지고 동유럽에 정치적 혼란이 찾아오면서 더 이상 아이들을 맡겨 둘 수 없는 상황이 되지요. 그리고 내부적으로 천리마 운동(1957년부터 전개된 북한의 노동 강화 운동) 등으로 노동력이 필요한 시기였기 때문에 세계 각지에 흩어졌던 고아들을 다시 불러들이게 됩니다. 이는 프와코비체에서 행복한 시간을 보내던 아이들과 교사들에게는 마른하늘에 날벼락과 같은 소식이었고, 말 그대로 눈물바다가 된 이별의 순간을 맞이합니다. 북한 고아들은 제발 다시 돌아가지 않게 해달라며 애원했지만, 어찌할 방도가 없던 폴란드 교사들은 그들과 가슴 아픈 이별을 해야만 했습니다.

그 후 60년이 지난 지금에도 폴란드 교사들은 그때를 생각하며 눈물을 흘리고 죄책감을 느낍니다. 도대체 무엇이 그들로 하여금 그렇게 큰 사랑을 가능하게 한 것일까요? 감독은 이를 〈상처의 연대〉로 해석합니다. 제2차 세계 대전과 유대인 강제수용소 등으로 처참한 고통을 겪었던 폴란드인들의 상처와 한국 전쟁으로 그와 흡사한 고통을 겪은 고아들의 상처가 포개어지며 위대한 사랑이 탄생했다는 것입니다.

그런데 정말 상처를 입었기 때문에 사랑할 수 있었던 걸까요? 상처는 분명 연대와 사랑을 가능하게 하는 힘이 있습니다. 적어도 같은 상처를 입은 사람들이 서로를 더 잘 이해하고 공감할 수 있는 건 사실이지요. 하지만 한편으로 바로 그 상처는 적대와 이기심의 근원이 되기도 합니다. 대표적인 사례가 우리나라의 분단 상황입니다. 전쟁의 상흔이 치유되지 않은 우리는 여전히 서로를 향해 적대심을 갖고 있고 그 때문에 나라 안에서 파를 나누며 갈등을 일으키기도 합니다. 세계적으로도 그렇습니다. 전쟁의 상처는 증오와 범죄, 테러 그리고 또 다른 전쟁을 낳는 경우가 많습니다. 국제 테러 단체 IS가 미국이 벌인 이라크 전쟁 속에서 탄생한 것이 아주 명확한 예시입니다.

그러니 폴란드 양육원의 교사들이 자신이 상처를 입었기 때문에 아이들을 사랑할 수 있었던 것이 아니라, 상처를 입었음에도 아이들을 사랑할 수 있었다고 말해야 한다고 생각합니다. 교사들이 60년이 넘는 세월 속에도 아이들을 잊지 못한 것은, 상처받은 아이들을 진심 어린 연민과 사랑으로 보살피는 과정에서 그들 스스로 내면의 상처를 마주하고 치유했기 때문은 아닐까요? 상처 입는 경험보다 더 중요한 것은 분명 연민 어린 마음으로 사랑하는 경험입니다. 그리고 사랑은 사랑받는 사람만이 아니라 사랑하는 사람 그 자신을 치유하는 힘이 있다고 믿습니다.

사랑의 가치를 가장 잘 실천할 수 있는 존재는 아이들입니다. 아이들은 정치적 이념과 경제적 이익에서 떨어져 있기 때문입니다. 아이들의 마음을 잘 들여다봐 주셨던 권정생 선생님은 단편소설집 『바닷가 아이들』을 통해 아이들의 눈으로 분단을 멈추고 통일을 하자고 말씀하십니다.

북한을 공산 괴뢰 집단으로만 표현해야 문학을 할 수 있었던 부끄러운 현실을, 동화를 쓰는 한 사람인 나도 가슴 아프게 반성하지 않을 수 없습니다. 어른들, 그것도 몇 사람의 정치 집단의 이익을 위해 어떻게 한 겨레를 원수로 만들어야 한다는 것입니까.

어린이는 이름 그대로 어린이일 뿐입니다. 북쪽의 어린이도 남쪽의 어린이도 어른들의 색깔로 마구잡이 칠해져서는 안 될 것입니다. 그들은 서로 동무가 되고 싶고 서로 나누며 걱정하면서 살고 싶은데, 벽을 만들고 반목하게 하는 것을 어른들의 특권으로 잘못 생각하고 있는지도 모르겠습니다.

제발 사람답게 살도록 합시다.

— 권정생, 『바닷가 아이들』 머리말 중에서

사람답게 사는 것이 통일의 길입니다. 사람답게 산다는 것은 서로의 얼굴을 똑바로 보고, 편견과 선입견 없이 동등한 존재로 상대를 인정하며 사는 것입니다. 가장 약하지만 소중한 존재에 귀를 기울이는 것이 바로 인간다운 삶입니다. 그 대상이 남한의 어린이이건, 북한의 청소년이건, 혹은 사람이 아니라 동물이거나 식물일 때도 마찬가지입니다. 남북한 통일을 실질적으로 고민하게 된 오늘날, 통일에서 가장 주요하게 귀를 기울여야 할 존재는 무엇일까요? 우리가 함께 온몸과 마음을 기울여 지켜야 할 존재들이 무엇이고, 그 이유는 무엇일까요?

진정한 이웃이 되는 법

김도환(17세) 몇 달 전이었어요. 학원 마치고 친구들과 집으로 돌아가는 길이었는데, 시각 장애인 한 분이 지팡이를 잃어버려서 주변 사람들에게 도움을 청하고 있었어요. 어서 가서 도움을 드려야 마땅한 상황이었는데, 부끄럽지만 저는 선뜻 손을 내밀어 도와드리는 것을 망설였어요. 왜냐하면 길에 다른 사람들이 꽤 있었는데 아무도 그분에게 다가가지 않고 있었거든요. 남들이 하지 않는 행동을 하는 것이 부담스럽기도 했고, 평소 잘 마주치지 못한 장애인의 모습을 보며 나와 다르다는 거리감도 들었어요. 그런데 그 순간 옆에 있던 친구가 먼저 다가가서 그분을 도왔어요. 그러자 제가 주저했던 게 너무 부끄러웠어요. 특히 그 도움을 줬던 친구가 학교에서는 장난스럽고 진지하지 않은 아이였거든요. 그럼에도 도움이 필요한 상황에 저보다 먼저 달려가서

〈어떻게 도와드릴까요?〉라고 말을 건넨 거죠. 그분을 돕는 모습에서 친구를 다시 보게 되었어요. 문제가 되는 건 이처럼 제 안에 있는 보이지 않는 장벽이 아닐까 하고 생각했어요. 저는 그날 장애인을 대하는 제 모습도, 또 평소에 친구를 바라봤던 제 모습도 다시 생각하게 된 거예요.

저는 북한 사람들과의 관계도 마찬가지가 아닐까 생각해요. 통일이 될지 안 될지는 모르겠지만, 북한 사람들과 이웃으로 지낼 수 있으면 좋겠어요. 누군가가 어려움에 처했을 때 서로 도움을 주고받을 수 있는 그런 이웃이요. 남북한이 그런 행동을 주고받는다면 제가 장난스런 친구를 새로운 눈으로 바라봤던 것처럼 서로를 새로운 눈으로 볼 수 있는 계기가 되지 않을까요?

변종윤(16세) 저에게도 친구를 새롭게 바라본 경험이 있어요. 1, 2학년 때 저를 만날 귀찮게 하는 바람에 멀리한 친구가 있었어요. 그런데 3학년 때 그 친구가 진지하게 자신이 잘못한 것에 대해 사과하고, 제게 진심으로 용서를 구한 적이 있었어요. 그전까지 저는 그 친구를 다시는 보지 않겠다고, 보더라도 무시해야겠다고 생각하고 있었어요. 그런데 저에게 용서를 구하는 그 친구의 진심이 느껴지는 순간 얼음처럼 차갑던 제 마음이 녹아내리는 것을 느꼈어요. 이제는 둘도 없는 친구가 되었지요. 이전에 서로가 잘못한 것에 대해 진심으로 사과하면 분명 둘 사이는 더 나은 관계를 형성할 수 있는 것 같아요. 저와 제 친구가 그랬듯이 남한과 북한이 둘도 없는 친구가 되려면 서로에게 상처를 주었던 것에 대해서 진심 어린 반성과 성찰이 필요하다고 생각해요. 그리고 그런 진심이 통할 때 냉랭한 관계 속에서도 봄날의 따뜻한 바람이 불 수 있지 않을까요.

박윤지(16세) 우리는 새로운 친구를 만날 때 얼굴을 보고, 어떤 친구인지에 대해서 스스로 생각하는 것보다 그 친구가 어디에 소속되어 있는지를 먼저 생각하는 것 같아요. 예를 들어서 그 친구를 직접 만나기도 전에 〈소문이 안 좋은 ○○초등학교 출신이니까, 성격이 별로일 거야〉 하고 생각해 버리는 거죠. 그 친구들 ○○초등학교라는 범주에 넣어 버리는 겁니다. 이런 식으로 구분 짓게 되면, 선입견 때문에 그 친구의 진실한 모습을 보지 못해요. 그리고 이는 차별로 이어질 수도 있는 문제입니다.

학교에서 차별은 이것 말고도 많아요. 학교에서 선생님들은 입학도 하기 전에 배치고사 성적을 보고 아이들을 미리 판단하죠. 우리 학교는 배치고사 성적순으로 반장, 부반장을 뽑는데 그럼 아무리 학급의 임원이 되고 싶어도 공부를 못하면 못 하는 겁니다.

외모 차별도 있어요. 얼굴이 작고, 피부가 하얗고, 키 큰 아이들이 예쁘다는 말을 듣는데, 솔직히 말하면 우리 모두 외모가 예쁜 아이에게 먼저 호감이 생기잖아요. 저도 얼마 전까지 예쁜 아이가 좋고 못생긴 아이에게는 가까이 가고 싶은 마음이 안 들었어요. TV에서도 못생긴 사람을 희화화하고 비난하는 개그가 많이 소비되고 있어요. 사람들의 다양성을 인정하기보다 뚱뚱한 것은 게으른 것이라고 단정 지어 버리는 것 같아요. 사실 아이들은 어른들이 웃으면 따라 웃게 되잖아요. 어릴 때부터 그렇게 미디어를 접하면서 자연스럽게 시야가 좁아지는 게 아닐까요.

저는 우리 안에 씌워진 일반화·집단화·선입견을 벗어나서 진정 사람 대 사람으로 만나는 것만이 남북한이 평화적인 교류를 이어 갈 수 있는 길이라고 생각해요. 영화 「폴란드로 간 아이들」을 보면 폴란드 선생님이 처음에 북한에서 온 아이들을 보고는 〈얼굴이 다 똑같아 보였어요〉라고 말합니다. 외국인들의 눈에 비친 북한 아이들의 모습이 다 비슷비슷했겠죠. 그런데 시간이 흘러 그 선생님이 〈원종

철)이라는 아이에 대해 회상할 때, 그 아이의 모습과 세세한 특징을 아주 자세히 묘사하시는 것을 보며 놀랐어요. 일반화·집단화·선입견을 벗어나서 사람과 사람의 만남이 가능하다는 것을 보여 주는 희망이 아닌가 하고 생각해요.

우리 안의 타인

이유진(15세) 우리 사회는 자신과 다른 사람들에게 정말 배타적인 사회라고 생각합니다. 통일을 위해선 타인을 진정으로 존중하는 성숙한 태도가 필요해요. 그런 면에서 우리가 타인을 어떻게 생각하는지 돌아볼 필요가 있다고 봐요. 우리 안의 대표적인 타인이 바로 이민자입니다.

한국에서 이민자로 산다는 것, 난민으로 산다는 것, 불법 체류자로 산다는 것은 매우 힘든 일입니다. 얼마 전 뉴스를 보았습니다. 밭에서 일하고 있는 어떤 외국인 노동자가 일하던 중에 장갑이 필요해서 밭주인에게 〈장갑〉이라고 말해요. 그런데 밭주인은 왜 공손하게 말하지 않느냐며 그 외국인 노동자를 폭행하며 욕해요. 그 장면이 동영상에 찍혀 기사화된 것입니다. 동영상을 보고, 기사를 읽으며 기가 차서 할 말을 잃었습니다. 우리말이 서툰 외국인에게 존댓말을 쓰지 않았다고 그렇게 심하게 때리다니, 상대를 동등한 인격체로 생각한다면 절대로 그럴 수 없는 일입니다.

또 한 가지 사건은 시선의 폭력입니다. 한국에 다양한 목적으로 오는 외국인, 또는 외국인이었다가 한국 국적을 얻은 사람들이 있습니다. 그런데 여전히 많은 사람들이 이들을 박물관에서 튀어나온 공룡이라도 되는듯 신기하게 쳐다봅니다. 심지어 얼마 전에는 버스 옆자리에 피부색이 다른 외국인이 앉았다고 눈살을 찌푸리는 사람도 보았습니다. 길거리에서 사람들이 집단적으로 나를 쳐다본다면, 저는 무척 당황할 것 같습니다. 버스 옆자리는 누구나 앉을 수 있는 것인데 제가 앉았다고 오만상을 다 쓰면 저는 기분이 무척 상할 것 같습니다. 사람들이 자기 시선이 얼마나 폭력적인지 알지 못하는 것 같아 답답합니다.

우리 민족은 하나의 피로 이어진 한민족이라고 자랑하는 사람들이 아직도 많이 보입니다. 자기 민족만 우리라고 규정하는 사람들은 자기와 조금이라도 다른 사람들을 보면 혀를 차고, 그 사람이 아시아계이거나 아프리카계이면 인간 취급조차 하지 않습니다. 왜 우리는 이토록 민족에 집착하는 걸까요. 어떻게 하면 이런 상황을 바꿔 갈 수 있을까요?

박유진(15세) 외국인 노동자만의 문제가 아닙니다. 한국 국적을 취득한 한국인이지만, 생김새와 서툰 한국어로 놀림과 차별을 당하고 있는 〈다문화 아이들〉도 있습니다. 한국은 다문화 사회가 되었다고 하지만 〈다문화〉라는 이름으로 다른 민족과 인종의 아이들을 차별합니다. 학교를 함께 다니는 다문화 아이들에게 〈너희 나라로 돌아가!〉라며 심한 말을 하는 경우도 적지 않습니다. 심지어는 다른 나라에서 살다 와서 한국어가 서툰 또래 친구들에게 〈외국인〉이라고 부르기도 합니다. 우리는 우리 안의 다름에 대해서 성숙하게 풀어 가고 있지 못하다는 생각을 합니다. 이를 풀어 가기 위한 방법은 무엇일까요?

심예지(18세) 학교에서 해외 이민자 수용 문제에 대해 토론했던 적이 있습니다. 우리 반에서 저 혼자만 유일하게 해외 이민자를 수용하자는 입장이있습니다. 저는 그들이 입장이 되어서 공감하고 생각해야 한다고 주장하며 반 아이들을 설득하려고 했습니다. 하지만 저는 친구들에게 〈지나치게 감성적이다〉라는 말을 들어야만 했습니다. 하지만 합리적인 판단을 내릴 때는 늘 냉철하고 이성적이어야만 할까요? 따뜻하고 감성적인 생각은 합리적일 수 없는 것일까

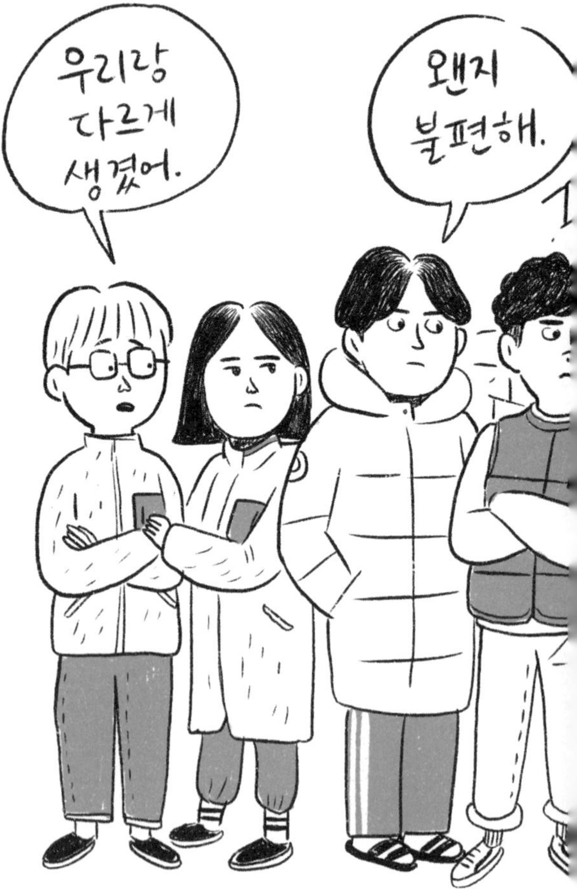
우리랑 다르게 생겼어.
왠지 불편해.

요? 모든 일에 있어 날카롭게 잘잘못을 따지는 마음은 실은 조금이라도 손해를 보지 않겠다는 속 좁은 마음은 아닐까요? 만약 우리가 냉철한 이성만 존재하는 사회에서 살아야 한다면 이 세상에서 사랑과 희망은 사라질 수밖에 없습니다. 인간에 대한 따듯한 감정을 유지하는 것은 분명 올바른 판단을 내리는 데 도움이 됩니다. 저는 우리가 열린 마음으로 이 문제를 바라봐야 한다고 생각합니다.

이수겸(17세) 저는 이민자를 대하는 태도에서 우리나라 교육에 문제가 있다고 생각합니다. 한국의 교육 시스템 속에서 저는 끝없이 주위의 친구들과 경쟁해야 합니다. 그런 경쟁 끝에 남은 것은 바로 이웃에 대한 무관심입니다. 타인과의 협력, 존중, 관심 대신 상대를 이기고 올라가야 하므로 난민 문제에서도 사람들이 관심을 갖기 힘든 것 같습니다. 우리는 어릴 때부터 이익을 강조하는 어른들의 말을 듣고 자랍니다. 혹여나 난민의 방문이 우리나라에 줄 수 있는 피해를 생각하며 불편함을 느낍니다. 특히 경쟁을 지나치게 추구하는 이 사회에서 우리는 타인을 단지 경쟁자로 인식하고 있습니다. 통일이 되더라도, 지금 우리 사회가 이민자를 대하듯 북한 주민들을 대할까 봐 무섭습니다.

남북한을 넘어 지구 공동체의 시민이 되자

김유비(18세) 통일의 문제는 남한과 북한의 문제이기도 하지만, 지구라는 공동체에서 살아가고 있는 내가 다른 동료 시민들에게 어떤 마음가짐과 태도를 지닐 것인가에 대한 문제이기도 합니다. 그런 면에서 우리가 꼭 생각해야 하는 중요한 해외 사례에 대해서 말하고 싶습니다. 2019년 6월에 있었던 일이에요.

난민 구조선 시워치Sea-Watch 3호의 독일인 선장 카롤라 라케테는 2019년 6월 12일 리비아 근해에 떠다니는 아프리카 난민 53명을 구조하여 가장 가까운 유럽 국가인 이탈리아 해역에 진입했습니다. 건강상의 이유로 13명은 입국이 허가되었으나 나머지 40명은 이탈리아 정부의 입항 불허로 2주간 바다를 떠돌아야 했습니다. 더위와 식량 문제로 난민들의 생명이 위험하다고 판단한 라케테 선장은 가까운 이탈리아 람페두사 항구로 입항을 시도합니다. 그 과정에서 경비정과 충돌하는 사건이 있었고, 라케테 선장은 입항하자마자 체포되었습니다. 다행히도 이탈리아 재판부는 라케테 선장이 생명을 지키는 임무를 수행했을 뿐이라며 무죄 판결을 내렸습니다.

그러나 생각해 봅시다. 라케테 선장이 입항하던 당시 한쪽에서는 그를 향해 난민을 구한 영웅이라고 박수를 쳤고, 다른 한쪽에서는 이탈리아에 침입한 범죄자라고 외쳤습니다. 라케테 선장은 영웅일까요, 아니면 범죄자일까요? 국경을 지키는 일과 사람의 목숨을 살리는 일 중에서 무엇을 더 우선해야 할까요? 저는 통일 한국에 대해 생각하면서 우리가 무엇에 가장 중심에 두어야 하는지 고민해야 한다고 말하고 싶습니다. 라케테 선장은 이렇게 말합니다.

나는 백인이고 독일이라는 부유한 나라에서 태어났다. 3개 대학에 갈 수 있었고, 멀쩡한 여권도 가지고 있다. 하지만 나와 같은 조건에서 태어나지 못한 사람들이 있다는 것을 알았다. 나에겐 그들을 도와야 하는 도덕적 의무가 있다는 것을 깨달았다. 그래서 나는 이탈리아로 향한다.

라케테 선장처럼 국경을 뛰어넘어 나보다 어려운 조건에 있는 사람들을 돕는 일, 그런 도덕적 의무를 실현하는 일이 중요하다고 생각합니다. 마찬가지로 북한 내부의 어려운 사람들을 돕고, 나아가 세계의 여러 난민과 어려운 처지에 놓인 사람들을 도울 수 있어야 합니다.

배현진(15세) 라케테 선장의 사례와 정반대의 사례가 있습니다. 미국이 지금 멕시코와의 국경선에서 만들고 있는 거대한 장벽입니다. 트럼프 대통령은 대통령 후보 당시 공약으로 멕시코와의 국경선에 장벽을 만들겠다고 공언했습니다. 그리고 대통령이 되자 이를 현실화하기 시작했습니다. 많은 반대에도 불구하고, 중남미에서 범죄 조직과 갱단이 미국에 들어와 마약, 인신매매와 같은 문제를 일으킨다는 이유로 미국-멕시코 국경선에 끝이 뾰족하고 강철로 된 높은 장벽을 만들기 시작한 것입니다. 거기에 드는 비용만 56억 달러, 한화로 6조 3000억 원에 이른다고 합니다.

그렇게 장벽으로 갈라서 한쪽에는 부자들이 안락한 삶을 누리고 다른 한쪽에는 가난한 자들이 굶어 죽어 가는 것이 과연 좋은 세계라고 할 수 있을까요? 과연 오늘날과 같은 세계화 시대에 국경과 장벽이 어떤 의미를 지닐까요?

이 장벽을 허물고 더불어 살아갈 수는 없는 걸까요? 그런 장벽 바깥에서 생명에 위협을 느끼고 있는 이들이 난민입니다. 어른들이 일으킨 전쟁과 다툼, 각종 만행으로 인해 가장 큰 피해를 입는 것은 바로 아이들입니다. 난민 문제, 전쟁 문제, 환경 문제 등에 대해서 다음 세대인 청소년들과 어린이들이 관심을 가져야 하는 것은 이 때문이죠.

저는 미국을 보면서 이런 의문이 들었습니다. 그렇다면 미국과 접하고 있는 또 다른 나라인 캐나다 사이의 국경에도 장벽이 있을까? 궁금해서 찾아보니 검사만 하면 넘어갈 수 있는 검문소만 있고 장벽은 존재하지 않았습니다. 왜 멕시코는 안 되고 캐나다는 되는 걸까요? 무엇에, 누구에게 장벽을 세우는지 생각해 봐야 합니다. 그리고 그 결과가 어떻게 되는지 우리는 주목해야 합니다.

배윤서(17세) 장벽은 아이들의 생명을 앗아 갑니다. 2015년, 터키 해변에서 시신으로 발견된 3세 아이 아일란 쿠르디를 기억하시나요? 시리아를 탈출하여 유럽으로 가려던 아일란 쿠르디와 그 가족은 지중해를 건너던 중 고무보트가 파도에 뒤집히면서 참사를 당합니다. 전 세계에 난민 문제의 심각성을 알리는 계기가 되었죠.

그런데 2019년 6월에 똑같은 일이 미국과 멕시코 국경에서 일어납니다. 엘살바도르 출신의 25세 아빠 라미레스와 23개월 된 딸 발레리아가 미국으로 밀입국하기 위하여 리오그란데강을 수영하여 건너려다 그만 급류에 휩쓸리면서 목숨을 잃은 사건이죠. 떨어지지 않으려 아빠의 티셔츠 속에 몸을 넣고 있던 발레리아는 생의 마지막 순간까지 아빠를 꼭 껴안고 있었습니다.

이뿐만이 아닙니다. 2019년 7월에는 과테말라 출신의 엄마 레티 페레스가 아들 안토니와 함께 3,000킬로미터가 넘는 길을 걸어 멕시코를 횡단했습니다. 마침내 그들은 미국 국경에 도착하지만, 지키고 있던 군인에게 가로막혀서 밀입국에 실패합니다. 그때 〈제발 국경을 넘게 해주세요. 우리 아들에게 더 나은 삶을 주기 위해 가게 해주세요〉라고 눈물을 흘리며 애원하는 모자의 모습이 사진으로 찍혀 전 세계에 알려지기도 했어요.

이런 사진들을 보는 순간 너무나 가슴이 아팠습니다. 왜 이런 비극이 일어나는 걸까요? 우리는 나와 관련 없는 일에는 관심조차 가지지 않습니다. 나와 다른 존재에 대해서는 이해하려고 노력하지 않는 것 같습니다. 우리가 관심을 갖지 않는다면 세계의 많은 시민들의 비극은 계속될 것입니다. 이처럼 우리가 통일에 대해서 이야기할 때조차 이 세계에서 어떤 일이 일어나고 있는지 동등한 관심을 가져야 한다고 생각해요. 바로 그럴 때 우리의 통일이 세계 사회에도 평화와 공존을 향한 더 큰 울림으로 다가오지 않을까요?

사람이 사람답게 사는 세상

전태화(15세) 저는 진정한 의미에서의 통일, 평화와 공생을 향한 통일을 위해서 우리가 가슴속에 품을 수 있는 것은 〈사람이 사람답게 사는 세상〉이라고 생각합니다. 그런 세상을 만들어 가는 것에 대한 해답을 아이들은 이미 알고 있습니다.

동수는 갑자기 태진이가 가엾어졌습니다. 이북에서 왔거나 어디에서 살거나 그런 건 아무런 상관없이 다만 가엾다는 마음이 든 것입니다.

— 권정생, 「바닷가 아이들」 중에서

권정생 선생님의 단편 소설 「바닷가 아이들」에는 남한 아이 동수와 북한 아이 태진이가 등장합니다. 동수는 처음에 북한에서 온 태진이를 간첩으로 신고하려 했습니다. 태진이도 남한의 동수가 못된 사람처럼 보였죠. 그러다 서로의 얼굴을 보며 같이 오줌도 누고 똥도 싸며 서로가 같은 사람이라는 것을 알면서 친해졌습니다. 그래서 동수는 다시 북한으로 돌아가야 하는 태진이를 위해 밥도 주고 미숫가루도 주고 합니다. 이처럼 서로의 얼굴을 본다는 것은 사람다운 삶을 살기 위한 시작입니다. 우리는 서로의 얼굴을 잘 보고 있나요?

우리는 바로 앞에 앉아 있는 친구와 대화하는 것보다 휴대폰 메신저로 소통하는 게 더 편해진 시대를 살고 있습니다. 경쟁 사회에서 사람답게 사는 것은 과연 어려운 일입니다. 친구들은 필기한 공책조차 보여 주길 꺼리고, 모르는 문제를 물어봐도 자기 숙제를 하는 데 급급합니다. 주변 사람들을 경쟁자로 인식하고, 다른 사람에게 도움 주는 것을 나에게 피해라고 여깁니다. 경쟁 사회에서 이기는 방법은 두 가지인데, 첫째는 엄청 열심히 해서 나의 실력을 향상시키는 것이고, 둘째는 다른 사람을 깎아내리는 것입니다. 보통의 사람들은 이 두 방법을 동시에 진행합니다. 이런 사회에서는 결코 행복해질 수 없습니다. 다른 사람에게 겨눴던 창은 결국 나를 향해 돌아올 수밖에 없기 때문입니다. 우리가 왜 사람답게 살지 못하는지, 어떻게 하면 사람다운 세상을 만들 수 있는지 생각해 보면 좋겠습니다.

최은수(18세) 우리는 인간으로 태어났기 때문에 어떻게 하면 인간답게 살 수 있는지를 늘 고민해야 합니다. 그 고민을 하지 않기 때문에 인간다운 삶을 살지 못하고 있는 게 아닐까요? 권정생 선생님께서는 가장 약하지만 소중한 존재에게 귀를 기울이고 손을 내미는 것을 인간다운 일이라고 하셨지요. 권정생 선생님의 단편 소설 「중달이 아저씨」에서 중달이 아저씨는 넉넉하지 않은 형편에서도 온전히 선한 마음으로 다른 이웃을 돕고 거지 아이를 식구로 거두었습니다. 중달이 아저씨네 이야기에서도 알 수 있듯, 인간은 서로에 대한 사랑으로 사람답게 살 수 있습니다. 가족을 사랑하고, 이웃을 사랑하고, 인간을 사랑하는 선한 마음 말이지요.

톨스토이의 『사람은 무엇으로 사는가』에서 천사는 사람이 사랑으로 산다고 답했고, 아우슈비츠의 생존자 프리모 레비는 『이것이 인간인가』에서 로렌초가 선(善)에 대한 희미한 가능성을 끊임없이 자신에게 상기시켜 준 덕분에 생존할 가치를 찾았다고도 했습니다. 이처럼 인간이 다른 존재를 위하고, 나아가 아끼며 사랑하는 마음만큼 인간다운 것은 없을 거라고 생각합니다.

이은(15세) 〈그럼, 언제까지나 함께 살아야지. 넌 이제 우리 집 식구인걸.〉 중달이 아저씨가 자신이 거둔 거지 아이에게 한 말입니다. 〈식구〉라는 단어는 먹을 식(食)과 입 구(口)로 이루어져 있습니다. 밥이 들어가는 입, 즉 함께 밥을 먹는다는 뜻이지요. 힘든 형편에 입이 하나 더 느는데도 버려진 아이를 데려와 함께 산다는 것은 중달이 아저씨의 선한 마음을 보여 줍니다. 아저씨께서 사람을 가리지 않고 모두를 배려하고 아낀다는 것도 느낄 수 있었습니다. 중달이 아저씨네가 한 일은 예나 지금이나 형편이 넉넉한 사람들도 잘 하지 않는 일입니다. 이 이야기에서 중달이 아저씨는 바보로 불리지만 주변의 어려운 사람들을 살려 냈습니다. 다들 바보라고 부르지만 한 나라의 정부조차도 하지 못하는 일을 한 참된 시민이 해냈다고 볼 수 있습니다. 과한 욕심 없이 선한 마음을 가지고 사람답게 사는 사람이 과연 바보인지, 자신의 이익만을 충족하려는 사람들이 오히려 사람답지 못하게 살고 있는 것은 아닌지 의문이 듭니다.

평화롭고 행복한 세계를 위한 도약

백지헌(16세) 『아이들의 평화는 왜 오지 않을까?』의 저자 강
안 선생님은 세상에 뿌리를 잘 내리지 못하는 이민 청소년
들에게 관심을 가지셨어요. 정체성을 제대로 확립하지 못
하고 혼란스러운 상황에 있는 아이들을 〈뿌리내리지 못하
는 아이들〉이라고 표현하시고, 나아가 한국에 살고 있는
탈북 청소년들에게도 많은 관심을 보이셨습니다. 선생님
은 눈앞의 힘든 처지에 있는 청소년들을 그냥 지나치지 못
하시고, 조그만 도움이라도 주시는 분이었습니다. 그리고
이런 도움이 흔들리던 아이들에게 무척이나 중요한 버팀
목이 되었습니다. 하지만 문제는 이런 개인의 선한 행동만
으로는 모든 문제를 해결할 수 없다는 것입니다. 〈우리 집
에서 보살펴 줄게〉라는 말로는 아픈 아이를 모두 끌어안을
수 없습니다. 근본적으로 아이들을 아프게 하는 사회 구조

그 자체를 바꿔야 하는 것이 아닌가 생각합니다. 법과 제도를 통해서 서로의 다름에 대한 차별을 없애 가려는 노력이 필요한 것이지요.

박윤지(16세) 한 번 잘못됐다고 생각하더라도, 고정 관념이 생기고 습관이 붙으면 머리에 박힌 생각은 바꾸기 어렵습니다. 물론 습관을 고치기 어려운 건 사실이지만, 그렇다고 못 고치는 건 아닙니다. 서로 다르고, 다양한 우리가 한데 어우러져 살기 위해선 다양성이라는 가치가 절대적으로 존중받아야 합니다. 하지만 지금 우리 사회는 서로의 다양성을 인정하기보다 주류의 가치를 따라가려고 노력합니다. 그래서는 아무것도 변하지 않을 것입니다.

변종윤(16세) 성적, 돈, 외모 등으로 사람들을 재단하는 문화를 바꿔야 한다고 생각합니다. 사회가 바뀌려면 청소년들이 목소리를 많이 내야 하지요. 그런데 공부에만 매진하다 보니 이런 논의를 진행할 여유가 없는 것 같아요. 틈이라고 하는 게 있을 때 사회가 바뀌는 것 같아요. 제도적인 차원에서 틈을 만들어 주는 노력이 필요해요. 캐나다의 〈모자이크 프로젝트〉에서는 다민족에 대한 혐오 발언을 금지하는 법률이 있습니다. 흑인을 차별하는 발언을 하면 그 법에 의거해 처벌되는 거죠. 사실 저는 그런 제도들을 부정적으로 봤어요. 〈왜 당연한 가치를 법으로 정해야 하는가〉라고 생각했어요. 그런데 제도적 차원의 지원이 따라올 때 그 가치들이 더 잘 실천되는 부분이 있는 것 같아 다시 생각해 보게 돼요. 그런 법적 제도가 있다면 사람들이 그 당연하지 않은 행동을 할 때 더 조심하지 않을까요?

심예지(18세) 흑백 차별 금지법과 같은 법이 만들어진 덕분에 차별을 행하는 사람들을 처벌할 수 있는 명분이 생겼습니다. 통일이 이뤄지기 위해서, 통일 이후에 차별 없는 세상을 만들기 위해서 우리가 생각하고 준비할 수 있는 법이나 제도에는 무엇이 있을까요? 저는 통일 교육이 특별히 다른 교육과 따로 존재하는 것이 아니라고 생각합니다. 우리 사이를 가로막고 있는 장벽을 제거해 가는 것이 통일 교육의 핵심이며, 우리 사회가 제도적으로 마련해 나가야 하는 부분입니다. 여기서 가장 핵심에 두고 생각해야 하는 건 생명이라는 가치가 아닌가 생각합니다.

저의 어린 시절과 지난날들을 떠올려 보면 안전하고 깨끗한 것만 제공받았습니다. 엄마는 항상 제가 건강한 음식을 먹는지, 청소년이 봐도 괜찮은 영화를 보는지를 체크했습니다. 그래서 그런지 폭력적이고 잔인한 영화를 봐도 저는 어떻게 반응해야 할지를 모르는 경우가 많습니다. 그런데 저는 저처럼 안전한 환경에서 자라는 아이들 말고도 세상에는 전쟁과 폭력, 빈곤과 질병, 각종 차별에 놓인 아이들이 많다는 사실을 배웠습니다. 그런 아이들을 직접 만나보고 싶고 그 아이들에게 필요한 것이 무엇인지 듣고 싶습니다. 그 아이들이 최우선으로 보살핌을 받을 수 있는 세상을 꿈꿉니다. 제가 생각한 통일 한국은 바로 국내외의 가난하고 어렵고, 뿌리내리지 못한 아이들을 보살피고 돕는 나라입니다. 아이들의 평범한 꿈을 지켜 줄 수 있는 세상을 꿈꿔 봅니다.

우리에게 통일이 필요한 이유

최은수(18세) 전쟁과 싸움만큼 인간답지 못한 것이 없습니다. 서로를 혐오하고 적대시하는 생각에 사로잡혀 자신의 안위만을 위해 타인을 고려하지 않고 해치는 일이기 때문입니다. 영화배우 정우성 씨는 유엔난민기구의 홍보 대사로 남수단에 갔습니다. 그곳에서 소총을 들고 지나가는 아이를 봤다고 해요. 왜 그 아이가 소총을 들고 거리를 걷고 있는지 정확히 알진 못합니다만, 저는 그 사실 자체가 엄청난 충격이었습니다. 그래서 남수단에 대해 바로 검색해 봤어요. 2011년에 수단으로부터 독립했는데 내전을 치렀다고 해요. 그 과정에서 많은 사람들이 목숨을 잃고 난민도 생겼다고요. 소총을 쥔 아이도 그런 내전에 휘말린 게 아닐까 하고 생각했어요. 총을 들고 살아갈 수밖에 없는 아이의 삶은 어떤 삶일지 도저히 상상하기 힘듭니다.

이처럼 전쟁은 인간에게 너무나도 잔혹한 결과를 안겨 주었습니다. 우리 또한 그러한 전쟁의 무서움을 잘 알고 있지요. 한국 전쟁은 우리 민족 전체에게 큰 상처를 남겼으며 그 흉터는 세대를 이어 대물림되고 있습니다. 서로를 위하는 선한 마음과 사랑을 완전히 잃어버리고, 서로를 향한 적대감만 남긴 채 벽을 쌓아 버린 사건이었기 때문입니다.

전쟁으로 많은 사람이 죽었고, 가족을 잃었고, 그로 인한 분노 때문에 사랑과 같은 마음은 순식간에 사라졌습니다. 우리가 통일을 해야 하는 이유는 결국 이 때문입니다. 윗세대는 전쟁의 기억을 여전히 가지고 있고, 아랫세대는 막연한 전쟁의 공포감을 물려받아서 서로를 미워하고 있습니다. 그 미워하는 마음 때문에 진짜 중요한 마음을 잊어버렸어요. 저를 포함한 이 시대의 사람들이 인간성을 지키기 위해서는 통일이 필요하다고 생각합니다.

허나영(15세)「바닷가 아이들」에 이런 구절이 나옵니다.

「태진아, 날 믿어 줘.」

「……」

「너하고 나하고는 남이 아니잖니?」

「넌 아까 나한테 간첩이라 했잖니?」

「그건 깜빡 잊어버리고 그랬던 거야.」

「무얼 잊어버렸다는 거니?」

「……」

— 권정생, 「바닷가 아이들」 중에서

무엇을 잊어버린 걸까요? 동수뿐만 아니라, 우리도 말이지요. 가장 약하지만 소중한 존재에 귀를 기울이는 것이 바로 인간다운 삶입니다. 이해관계 없이, 어떤 이기심도 없이 세상을 바라볼 수 있는 어린이와 청소년들이 서로의 얼굴을 마주하고 이야기를 나눈다면, 그래서 동수와 태진이처럼 서로 마음이 통하는 사이가 될 수 있다는 사실을 깨닫는다면, 통일은, 나아가 평화로운 세계의 구축은 의외로 어려운 일이 아니지 않을까요? 인간다운 삶을 잃지 않기 위해, 평화로운 세상을 위해 통일이 중요하다고 생각합니다.

배연우(16세) 권정생 선생님의 단편 소설 「소나무와 굴뚝새」를 보면 다른 나무들은 잎이 떨어지는 시기에 솔잎만 푸르게 남아 있습니다. 소나무는 남들과 다른 자신의 모습을 싫어해요. 그런데 굴뚝새가 날아와 〈추운 겨울에도 네가 있으면 견디고 살 수 있어〉라고 말합니다. 굴뚝새를 통해 소나무는 자신의 존재 이유를 찾게 돼요. 저는 이 부분이 사람답다고 생각해요. 굴뚝새와 소나무처럼 서로에게 버팀목이 되어 주고 삶의 이유가 되어 주는 것이 공생하며 살아가는 방법이라고 생각해요. 우리 사회에서 사회적 약자나 난민, 장애인들을 소나무라고 비유할 수 있어요. 잎이 떨어지는 대부분의 나무들은 평범한 사람들을 뜻하고요.

더 나아가 남한과 북한의 관계가 소나무와 굴뚝새처럼 서로 든든한 버팀목이 되어 주는 관계라면 얼마나 좋을까요. 제가 생각하는 통일은 바로 상대가 어려운 상황에 처했을 때 서로의 뒤를 받쳐 주는 버팀목과 같은 역할을 하는 것이라 생각합니다. 그리고 남북한이 서로에게 버팀목이 된다면 수많은 고통 속에서 나라를 꾸려 가고 있는 세계 시민들에게도 의미 있는 메시지를 보낼 수 있지 않을까 기대합니다.

부록

평화 통일 선언을 합시다!

세계 인권 선언과 독립 선언서에서 배우는
통일로 향해 가는 법

> 모든 인류 구성원들에게는 태어날 때부터 가지는 존엄
> 성과 누구에게도 양도할 수 없는 평등한 권리가 있으며,
> 그 존엄성과 권리가 인정될 때 세계의 자유와 정의 그리
> 고 평화가 실현될 수 있는 바탕이 된다.
>
> — 유엔, 「세계 인권 선언」 서문 중에서, 1948년 12월 10일

여러분은 주변에서 여자라는 이유만으로 결혼을 강요받
거나 교육받지 못하는 사람들을 본 적 있나요? 서아시아와
북아프리카 몇몇 지역에서는 일고여덟 살의 아주 어린 아
이들이 강제로 결혼하고 있는데, 말이 결혼이지 나이 많은
남자에게 팔려가 비참한 삶을 살아가고 있습니다. 이슬람
교를 믿는 국가 중 몇몇 곳에서는 여성의 순결을 주장하면
서 여름에도 검은 천으로 몸을 다 덮고 눈만 빼꼼 내놓을 수

있는 부르카를 착용하라고 합니다. 또 아프리카 일부 지역 여성들은 성인식이라는 명분 아래 할례를 당합니다. 할례 는 여성의 음핵을 자르는 일인데 남성으로 치자면 성기 일 부를 잘라 내는 것입니다. 실로 엄청난 고통이 따르고 정신 적 후유증과 신체적 고통 때문에 사망률이 30퍼센트에 이 릅니다. 도대체 왜 이런 일이 일어날까요?

지금도 세계 곳곳에서 많은 아이들과 죄 없는 약한 사람 이 인권을 보장받지 못한 채로 죽어 가고 있습니다. 학교에 다니지 못하고, 음식을 먹지 못하고, 기본적인 의료 혜택을 받지 못합니다. 인권이라는 것은 인간이 마땅히 누려야 할 기본적인 권리인데 왜 어떤 사람들은 누리지 못하는 것일 까요?

인류 역사상 가장 비참한 결과를 낳았던 제2차 세계 대 전이 끝나고, 두 번 다시 이런 비극이 일어나지 않도록 논 의하기 위해 전 세계의 대표들이 한자리에 모였습니다. UN 총회 58개 회원국 대표들이 모여 수백 번의 회의와 수 천 번의 투표를 거쳐 1948년 12월 10일 파리에서 공표한 것이 바로「세계 인권 선언」입니다. 비록 법적인 효력은 없 지만, 국제 관습법으로 많은 나라 헌법의 근간이 되기도 했 습니다. 또한 강대국들의 입장에서만 만들어진 것이 아니라, 상대적으로 약소국의 의견도 충분히 반영되어 인류 보편적으로 지향할 수 있는 내용이 담긴 중요한 선언입니다.

「세계 인권 선언」에서 통일의 가능성을 찾습니다. 인류 보편적인 가치를 향해가는 길과 통일로 향해 가는 길은 다르지 않기 때문입니다. 「세계 인권 선언」의 역사와 현재의 위상을 살펴보며, 그 핵심 가치를 적용한「평화 통일 선언」을 만들어 봅시다.

「세계 인권 선언」의 의의는 무엇인가요?

전태화(15세)

인권은 나이, 인종, 성별과 관계없이 누구에게나 기본적으로 보장되는 권리를 말합니다. 「세계 인권 선언」은 바로 그 인권과 관련된 내용을 담은 선언입니다. 그러니 「세계 인권 선언」 30개 조항은 정말 기본적이면서 구체적인 것들입니다. 예를 들면 제24조 〈모든 사람은 합리적인 노동 시간을 제안할 권리와 정기 유급 휴가를 포함한 여가를 누릴 권리가 있다〉가 있습니다. 하지만 잠시 주변 사람의 일주일을 둘러보면 어떤가요? 주말에도 직장 상사에게 걸려 온 전화와 메일로 고통받으면서 쉬지도 못하고 야근이 일상이 된 아버지, 방학에도 밤 10시까지 학원 투어만 다니고 있는 학생들. 이것만 봐도 우리의 인권은 그다지 잘 지켜지지 않고 있는 것 같습니다.

세계로 시야를 넓혀 보면 인권은 생명의 문제라는 것을 알 수 있습니다. 제1조에 있는 태어날 때부터 보장된 자유나 존엄성을 존중받을 권리가 무시당하는 경우도 있지요. 종교적 자유를 얻거나 신체적 안전도 보장받지 못합니다. 사랑하는 사람과 결혼할 수 있는 권리도 분명 「세계 인권 선언」에 적혀 있는데, 그럴 수도 없지요. 이러한 약자들은 피부색이나 성별이 달라서, 힘이 약하거나 병에 걸려서, 가난하거나 배우지 못해서 그런 대우를 받습니다. 사실 알고 보면 모두가 평등한데, 다름을 내세우며 그것을 권력으로 삼는 사람들 때문에 이 권리가 제대로 실현되지 않고 있습니다.

중요한 것은 「세계 인권 선언」이 있기 때문에 이 모든 것이 인권 침해라는 것을 안다는 사실입니다. 잘 지켜지지 못하고 있기 때문에 유명무실한 것이 아니라, 잘 지켜지지 못하기 때문에 지킬 수 있도록 노력해야 함을 알려 주는 지표가 되어 주지요.

이유진(15세)

「세계 인권 선언」의 제26조는 교육받을 권리에 대한 내용입니다. 〈모든 사람은 교육받을 권리가 있다〉라고 분명히 명시되어 있지만, 여전히 여자라는 이유로 학교에 가지 못하는 아이만 전 세계 1억 3000만 명이 넘습니다. 저는 그 이유가 사람들이 잘 알지 못하기 때문이라고 생각합니다. 아무리 멋진 소설이나 시가 있어도, 읽지 않으면 소용이 없듯 인권 선언도 마찬가지입니다. 만약 세계의 사람들이 이 인권 선언을 잘 알고 있었다면 전쟁으로 고통받는 일이 줄어들거나 아예 없었을 수도 있었을 것입니다. 하지만 제 주변 사람들만 해도 정확한 조항들을 모르거나, 인권 선언문 존재 자체를 모르는 사람들이 많았습니다. 글을 읽지 못하는 것도 아닌데, 왜 저와 제 주변 친구들은 관심을 갖고 읽어 보지 못했을까요?

역설적이기는 하시만 만약 제26조가 실천된다면 사람들이 관심을 가지지 않을까요? 제대로 교육을 받아서 인권의 중요성을 깨닫고, 「세계 인권 선언」의 중요함을 알게 되면 분명 더 많은 사람이 선언에 따라 살 수 있을 것입니다. 그러기 위해서는 이 글을 읽은 우리가 먼저 실천해야 합니다. 「세계 인권 선언」 30개 조항을 꼼꼼히 읽어 보고 우리가 지킬 수 있는 조항을 생각해 보는 것은 어떨까요?

「세계 인권 선언」처럼 평화 통일 선언문이 필요할까요?

이유진(15세)

〈선언〉은 〈널리 펴서 말함〉이라는 뜻의 단어입니다. 널리 말할 수 있도록 신중하게 고민하고, 그만큼 보편적이어야 하며, 오래도록 소중하게 지켜져야 할 말이라는 의미이죠. 선언에는 「세계 인권 선언」만 있는 것이 아닙니다. 2019년 3·1운동 100주년을 맞이하여 정부에서 다시 우리말로 풀어 쓴 「독립 선언서」도 우리에게 잘 알려진 선언이지요.

아, 새로운 세상이 눈앞에 펼쳐지는구나. 힘으로 억누르는 시대가 가고, 도의가 이루어지는 시대가 오는구나. 지난 수천 년 갈고 닦으며 길러 온 인도적 정신이 이제 새로운 문명의 밝아 오는 빛을 인류 역사에 비추기 시작하는구나. 새봄이 온 세상에 다가와 모든 생명을 다시 살려 내는구나. 꽁꽁 언 얼음과 차디찬 눈보라에 숨 막혔던 한 시대가 가고, 부드러운 바람과 따뜻한 햇볕에 기운이 돋는 새 시대가 오는구나.

온 세상의 도리가 다시 살아나는 지금, 세계 변화의 흐름에 올라탄 우리는 주저하거나 거리낄 것이 없다. 우리는 원래부터 지닌 자유권을 지켜서 풍요로운 삶의 즐거움을 마음껏 누릴 것이다. 원래부터 풍부한 독창성을 발휘하여 봄기운 가득한 세계에 민족의 우수한 문화를 꽃피울 것이다.

— 「3·1 독립선언서」 중에서

『만세열전』이라는 책을 통해 무척 의미 있는 이야기를 알게 되었습니다. 민족 대표 33인이 함께 고심하여 완성한 문건을 우리는 「독립 선언서」라고 알고 있는데, 그 제목에 숨겨진 사실이 하나 있었던 것입니다. 민족 대표 33인은 정치적 파장과 갈등을 최소화하기 위해 너무나 감동적인 선언서를 써놓고 〈청원서〉라고 발표하려고 했습니다. 그러한 선택을 해야 할 만큼 일제의 억압이 얼마나 삼엄했는지 가늠하기는 어렵지만, 만약 그 글이 독립을 신언하는 것이 아니라 부탁하는 글이었다면 과연 많은 사람들이 목숨을 걸고 만세운동에 나섰을까요? 청원이라 하기에 부족함을 느꼈던 독립운동가 임규는 마지막으로 일본에 전달하는 과정에서 자신의 결단으로 「독립 선언서」라고 제목을 써버립니다. 그 이후 「독립 선언서」는 수많은 〈임규〉에 의해 퍼져 나갑니다. 어떤 학생은 손으로 써서, 어떤 노동자는 자비를 들여 인쇄해서, 그 외에 수많은 사람이 누가 시키지 않았는데도 각자의 방법으로 최선을 다해, 정말 목숨을 걸고 만세운동을 기획하고, 전달하고, 실행합니다. 그렇게 직업, 성별, 나이가 무엇이든 모두 하나된 마음으로 광장으로 나와 대한 독립을 외친 것이 3·1운동입니다. 「독립 선언서」에 분명히 명시되어 있듯 일본에 대한 미움과 복수의 마음이 아니라, 세계 평화와 만국의 민족이 자유로워야 한다는 열망을 함께 품은 것이 바로 우리 민족이 가진 가장 강력한 무기였습니다.

「세계 인권 선언」과 「독립 선언서」, 두 선언 모두 사람들을 움직인 힘은 전 세계의 양심에 대한 믿음이었고, 자유와 평화에 대한 강력한 염원이었습니다. 평화 통일 선언문 그 자체로는 아무 의미가 없을 수 있습니다. 어떤 희망과 염원을 담은 선언문을 만들 것인지, 그것을 통해 모으고자 하는 마음이 무엇인지 고민해야겠지요. 그렇게 고민하여 만들어진 선언문은 많은 사람의 손과 발과 목소리로 옮겨 가며 그 의미를 꽃피울 것입니다.

선언문의 내용을 삶으로 실천하려면 어떻게 해야 할까요?

김숲(15세)

우리는 각자 자신의 행복을 위하여 많은 것을 투자합니다. 돈뿐만 아니라, 자신의 시간과 노력 등을 말이지요. 문제는 모두가 자신의 행복을 위해 가지고 있는 것을 최대한으로 투자하지만, 모두가 자신이 투자한 만큼 행복을 가질 수 없다는 사실입니다. 왜 그럴까요? 누군가는 행복을 얻을 수 있고 누군가는 그렇지 않은 사회가 과연 정당하다고 말할 수 있을까요?

여성이라는 이유로 얌전하고 친절해야 한다거나 흑인이라는 이유로 백인과는 다른 곳에서 교육받는다거나, 장애인이라고 해서 무시해도 된다는 등 그런 편견이 사회적 약자들에게 폭력을 가하고 있습니다. 우리가 살고 있는 이 사회는 약자보다 강자에 맞추어 돌아가고 있습니다. 누군가 전쟁에서 부모를 잃고 어린 나이에 가장이 될 때, 누군가 성폭행으로 인해 성적 수치심을 느끼고 슬퍼할 때, 누군가 제대로 된 치료조차 받지 못할 때, 우린 과연 무엇을 했나요?

제2차 세계 대전 당시 수백만 명의 유대인을 죽음으로

내몰았던 나치. 그들은 유대인이라면 누구든 자신들의 말에 복종해야 한다고 생각했고, 죽어 마땅하다고 생각했습니다. 많은 언론이 유대인에 대한 유언비어를 퍼뜨리고, 시민들에게 유대인에 대한 안 좋은 인식을 심어 놓으면서 유대인 학살은 시간이 갈수록 극심해졌지요. 그런데 유대인들을 학살로부터 지키기 위해 자발적으로 나선 사람도 있습니다. 그중 한 명이 라울 발렌베리입니다. 라울 발렌베리는 유대인에게 스웨덴 여권을 만들어 주고 아우슈비츠 수용소로 끌려가는 것을 저지했습니다. 그렇게 나치로부터 10만 명의 유대인을 구한 영웅입니다. 자신의 목숨이 위험해진다는 것을 알면서도 유대인을 살리기 위해 죽음을 두려워하지 않았던 발렌베리. 그가 구한 것은 비단 유대인뿐만 아니라 죽어 가는 사회였습니다. 자신도 모르는 사이 누군가를 죽이는 그런 잔인한 사회 말이지요.

지금도 마찬가지입니다. 조금이라도 관심을 가진다면 많은 사람이 죽지 않아도 되고, 우리가 서로를 위해 돕는다면 우리 모두는 공존할 수 있을 것입니다. 강자들에 의해 지배되고 있는 이 사회를 위해, 이제는 발렌베리와 같이 사회적 약자 돕겠다고 나서는 의지가 강한 사람이 필요합니다. 〈아, 불쌍하네〉라고 끝나는 것이 아니라, 타인의 아픔에 공감하고 함께 울어 줄 수 있는 그런 사람, 현실을 직시할 수 있는 그런 사람이 필요합니다.

그렇다면 우리는 어떻게 라울 발렌베리처럼 행동할 수 있을까요? 가장 먼저 우리는 모두가 같은 하나의 〈사람〉이라고 생각해야 합니다. 서로의 행복을 존중한다면, 서로가 투자한 만큼 정당한 행복을 누릴 수 있는, 더 나은 사회가 올 수 있을 것입니다. 공감과 이해는 공존의 가장 중요한 요소입니다. 공존하려면 서로의 인권을 존중해 줘야겠지요. 이를 위해서라면 서로의 행복을 침해하지 않도록 하고, 나의 행복뿐 아니라 서로의 행복을 위해 투자하는 아름다운 사회를 꿈꿔야 합니다.

전태화(15세)

선언을 만들 당시에 이 선언의 효력에 대하여 의심했을지도 모릅니다. 하지만 그늘이 이 선언을 만든 이유는 그런 세상을 꿈꾸었기 때문이겠지요. 모든 사람이 차별받지 않고 자신이 만든 「세계 인권 선언」을 누릴 수 있는 세상, 모두가 교육받고, 사랑받고, 의견을 표출할 수 있는 세상을 꿈꾸었기 때문에 이런 선언이 만들어졌을 것입니다.

꿈꾼다는 것은 언젠가는 이루어 낼 수 있다는 것을 의미

합니다. 통일도 마찬가지입니다. 결국 이 선언을 살아 내는 것은 우리의 몫입니다. 세계 시민으로서 평화로 향하는 이 선언에 여러분도 함께하시겠습니까?

함께 읽은 책

- 강안, 『아이들의 평화는 왜 오지 않을까?』, 웃는돌고래, 2018
- 권정생(글)·이혜란(그림), 『바닷가 아이들』, 창비, 1988
- 김삼웅, 『이회영 평전』, 책으로보는세상, 2011
- 김선우, 『희망을 부르는 소녀 바리』, 단비, 2014
- 김영미, 『평화 학교』, 책숲, 2015
- 김은식, 『이회영, 내 것을 버려 모두를 구하다』, 봄나무, 2010
- 김은식, 『장기려, 우리 곁에 살다 간 성자』, 봄나무, 2006
- 김현희 외, 『힘차게 달려라 통일열차』, 철수와영희, 2019
- 메리 와인 애슈포드·기 도운시, 『평화만들기 101』, 추미란 옮김, 동녘, 2011
- 모가미 도시키, 『처음 하는 평화 공부』, 김소라 옮김, 궁리, 2019
- 무리드 바르구티, 『나는 라말라를 보았다』, 구정은 옮김, 후마니타스, 2014
- 발레리 제니티, 『가자에 띄운 편지』, 이선주 옮김, 바람의아이들, 2017
- 샤론 리니어, 『죽음을 멈춘 사나이, 라울 발렌베리』, 배은경 옮김, 꼬마이실, 2010
- 서의동, 『다음 세대를 위한 북한 안내서』, 너머학교, 2018

- 스티브 크로셔, 『거리 민주주의』, 문혜림 옮김, 산지니, 2018
- 에드워드 W. 사이드·다니엘 바렌보임, 『평행과 역설』, 노승림 옮김, 마티, 2011
- 에드워드 W. 사이드, 『말년의 양식에 관하여』, 장호연 옮김, 마티, 2012
- SBS〈최후의 제국〉제작팀·홍기빈, 『최후의 선택 아로파』, 아로파, 2014
- 오가와 히토시, 『자유나라 평등나라』, 서슬기 옮김, 바다출판사, 2015
- 이기범 외, 『한반도 평화교육 어떻게 할 것인가』, 살림터, 2018
- 이오덕, 『고든박골 가는 길』, 실천문학사, 2005
- 이종석·송민성, 『통일: 통일을 꼭 해야 할까?』, 풀빛, 2017
- 이종석, 『통일을 보는 눈』, 개마고원, 2012
- 전종덕, 『독일 통일』, 백산서당, 2019
- 정경호, 『선생님, 통일이 뭐예요?』, 살림터, 2013
- 정우성, 『내가 본 것을 당신도 볼 수 있다면』, 원더박스, 2019
- 정주진, 『10대와 통하는 평화통일 이야기』, 철수와영희, 2019
- 정주진, 『평화, 당연하지 않은 이야기』, 다자인, 2013
- 정주진, 『평화를 보는 눈』, 개마고원, 2015
- 제럴드 게를레, 『세계 인권 선언』, 목수정 옮김, 문학동네, 2018
- 조한성, 『만세열전』, 생각정원, 2019
- 존 러스킨, 『나중에 온 이 사람에게도』, 곽계일 옮김, 아인북스, 2014
- 진희관 외, 『통일과 평화 그리고 북한』, 박영사, 2019
- 차병직, 『사람은 왜 서로 싸울까?』, 낮은산, 2015
- 프랜시스 무어 라페, 『살아 있는 민주주의』, 우석영 옮김, 이후, 2008
- 함규진 외, 『통일 교육 어떻게 할까』, 철수와영희, 2016

지은이 **인디고 서원** 2004년 문을 연 청소년을 위한 인문학 서점. 내적 성장의 자양분이 되는 좋은 책들이 빼곡한 인디고 서원에는 함께 책을 읽으며 정의로운 세상을 꿈꾸는 인디고 아이들이 있다. 인디고 아이들은 이곳에서 도덕적 품성, 비판적 지성, 예술적 감성을 키울 수 있는 책 읽기를 통해, 세상의 소외되고 그늘진 곳을 직시하고, 새로운 시대의 윤리적 가치를 찾고자 오늘도 함께 공부하고 있다. 쓸모 있는 실천으로서 인문 공부, 이것이 바로 삶 속에서 배움을 실천하고 변화를 창조하는 인디고 아이들의 평화와 공생의 책 읽기이다.

손안의 통일 ❷

우리의 소원은 평화

| 발행일 | 2019년 12월 25일 초판 1쇄 |
| | 2020년 11월 10일 초판 2쇄 |

지은이	인디고 서원
발행인	홍지웅·홍예빈
발행처	주식회사 열린책들

경기도 파주시 문발로 253 파주출판도시
전화 031-955-4000 팩스 031-955-4004
www.openbooks.co.kr

Copyright (C) 인디고 서원, 2019, *Printed in Korea.*
ISBN 978-89-329-1998-0 04300 ISBN 978-89-329-1996-6 (세트)

이 도서의 국립중앙도서관 출판예정도서목록(CIP)은 서지정보유통지원시스템 홈페이지(http://seoji.nl.go.kr)와 국가자료공동목록시스템(http://www.nl.go.kr/kolisnet)에서 이용하실 수 있습니다.(CIP제어번호:CIP2019049576)